手机游戏用户消费行为研究
——基于空气质量和天气的视角

张卓 著

中国商务出版社
CHINA COMMERCE AND TRADE PRESS

图书在版编目（CIP）数据

手机游戏用户消费行为研究：基于空气质量和天气
的视角/张卓著. -- 北京：中国商务出版社，2021.5

ISBN 978 - 7 - 5103 - 3788 - 8

Ⅰ.①手… Ⅱ.①张… Ⅲ.①网络游戏 - 消费者行为
论 - 研究 Ⅳ.①G898.3

中国版本图书馆 CIP 数据核字（2021）第 078105 号

手机游戏用户消费行为研究：基于空气质量和天气的视角

SHOUJI YOUXI YONGHU XIAOFEI XINGWEI YANJIU JIYU KONGQI ZHILIANG HE TIANQI DE SHIJIAO

张 卓 著

出　　版：中国商务出版社

地　　址：北京市东城区安定门外大街东后巷 28 号　邮编：100710

责任部门：教育培训事业部（010 - 64243016　gmxhksb@163.com）

责任编辑：刘姝辰

总 发 行：中国商务出版社发行部（010 - 64208388　64515150）

网购零售：中国商务出版社考培部（010 - 64286917）

网　　址：http://www.cctpress.com

网　　店：https://shop162373850.taobao.com/

邮　　箱：cctp6@cctpress.com

开　　本：710 毫米 ×1000 毫米　1/16

印　　张：12.5　　　　字　　数：201 千字

版　　次：2021 年 7 月第 1 版　　印　　次：2021 年 7 月第 1 次印刷

书　　号：ISBN 978 - 7 - 5103 - 3788 - 8

定　　价：60.00 元

前　言

近年来，越来越多的企业意识到外部环境的重要影响力。用户层面，美国的天气频道（weather.com）指出，用户们每天平均要查看3—4次天气情况从而了解自己所处的外部气象环境，据以调整自己的计划。具体来说，气象因素影响了人们的日常行为，消费者会根据身处的外部环境选购产品（譬如，在雨天购买雨伞，在寒冷的温度下购买羽绒服等）。企业层面，谷歌将实时的气象因素纳入广告设计和系统运营中，并已注册了一些基于天气和空气质量的广告专利；根据天气和温度等的变化情况，H&M等服装店会在店内陈设相应的服装搭配；宜家的雨伞在晴天售价29.9元，雨天售价仅为9元，这种针对不同天气的价格锚定策略，既收获了顾客认同又产生了良好的口碑效应；在广告内容和促销活动的设计上，巴宝莉、达美航空等企业会根据一段时间的天气、气温等气象因素推出不同的广告内容和促销活动；美国天气数据公司根据使用其手机App的1.5亿用户信息数据，通过时间和位置变量，将用户们所处的外部环境与沃尔玛等线下商场的各地区销售数据相结合，研究发现，在波士顿的阴天，消费者会购买巧克力，而在纽约温度较高的秋天，轮胎的销量会增加（Suddath，2014）。诸多研究验证了气象因素对用户决策行为的影响，主要体现在消费行为上（包括付费行为和消费金额）。

现阶段，我国手机网络游戏产业发展势头迅猛，市场规模不断扩大，经济效应日益凸显。手机游戏用户的下载和消费行为引起学者们的关注，以往关于手机网络游戏的研究视角主要基于用户主导、企业主导以及用户与企业共同参与，聚焦于网络游戏内容创作、环节改良和消费体验。然而，游戏用户的消费心理与消费行为不但受具体消费场景的影响，外部环境因素诸如空气质量和天气情况等同样会对游戏用户的消费心理和行为产生作用。

空气质量和天气情况等外部要素信息蕴含巨大的经济价值，通过对以往研究成果的梳理，本书认为，目前的研究成果较为零散、缺乏聚焦，空气质量和天气情况如何影响消费者心理变化进而影响消费行为的机制尚未明确。上述外部要素客观存在、难以忽视，通过系统性的梳理和探讨有助于企业将这些外部数据纳入营销决策支持系统（Marketing Decision Support System，简称 MDSS），从而深化人们对网络游戏消费行为的认识和理解、丰富相关理论，这也是本书的意义和价值所在。因而，本书以使用与满足理论（Uses and Gratifications Theory，简称 U&G）、修正的消费价值理论（Modified Theory of Consumption Values，简称 MTCV）以及气象营销新理论为基础，重点剖析空气质量和天气情况对手机游戏用户消费行为（付费行为和社交行为）的影响。

现有相关研究主要涉及经济、金融以及心理学等多个研究领域且研究成果较为零散、缺乏聚焦，鲜有对空气质量和天气情况如何影响虚拟世界消费者行为的研究，空气和天气如何影响消费者自身状态和心理变化进而影响消费行为的机制尚未明确。因此，在此背景下，挖掘和解析气象因素对于手机游戏用户消费决策的影响机制是值得研究的话题。正如美国市场营销协会在新年伊始为读者们呈现的"贺岁文"：营销学者们正在根据天气情况预测买家行为。我们身处的天气和空气质量无疑成为消费行为研究中客观存在、不可忽视的因素，这也许正是研究的风向标，同样是本书关注的核心问题。

在内容上，本书首先阐述了研究背景并提出主要研究问题、说明了研究的理论和实践意义、介绍了研究方法、研究路径和主要创新点。第二章界定了手机游戏用户消费决策的内涵、梳理和归纳了手机游戏用户消费决策分析的理论基础（使用与满足理论、修正的消费价值理论以及气象营销新理论）和相关研究进展，在此基础上，综述气象因素（空气质量、天气）和用户消费决策的相关研究、回顾了企业针对网络游戏产品所采用的营销策略。本书第三章、第四章和第五章，主要探讨空气质量、天气情况与手机游戏用户的消费行为的关联以及企业的营销策略和效果评估。基于前人的理论和研究成果，本书提出了空气质量、天气与手机游戏用户在游戏中的消费和社交行为的影响因素模型，说明了本书涉及的变量构念、研究假设和研究方法，最后，对实证检验结果进行汇报。第六章对于研究的局限性做了说明，并就未来的研究议题进行了展望。

具体来说，在空气质量对手机游戏用户消费行为的研究中，笔者根据空气质量→用户效率→消费行为的研究逻辑，重点从空气质量指数、手机游戏用户的任务完成效率、用户的个人技能等级以及所处的竞争环境等因素，探讨和揭示空气质量对手机游戏用户消费行为的影响机制；在天气情况与手机游戏用户消费行为的研究中，笔者根据天气→用户心理→消费行为的研究逻辑，重点从天气情况、手机游戏在市场上的流行性等因素，探讨和揭示天气对手机游戏用户消费行为的影响机制；企业虽然不能改变外部环境因素，但是可以采取有效的营销策略激发手机游戏用户的消费活力，在企业的营销策略和效果评估的研究中，本书提出了企业奖励机制的促销策略和搭建用户互动平台的营销策略设计。

本书采用文献研究和实证分析相结合的方法，对研究内容进行理论分析和逻辑论证。在空气质量和天气情况对手机游戏用户付费和社交行为的影响模型建构过程中，对相关手机游戏用户消费行为和社交影响因素研究的文献资料进行了梳理和分析整理，借鉴前人的研究成果，对理论模型中涉及的相关变量的内涵进行界定和把握，同时，增加外界环境变量：空气质量指数以及天气等影响因素。基于理论模型，提出了本书情境下手机游戏用户的付费和社交行为影响因素理论模型。实证分析方面，根据以往学者的研究方法，分析过程分为三步，即编码、数据整理和制表、统计分析。研究样本是中国网络游戏公司的手机游戏用户在游戏中的使用行为记录和消费情况数据（不涉及用户私人信息，用户信息已脱敏），本书对该数据进行了收集、编码、整理和分析，研究方法涉及回归分析、双重差分法等。

本书的创新之处可以概括为以下三点：

第一，将空气质量指数和天气变量等引入网络用户消费决策行为领域是本书的重点突破。现有关于网络消费决策的研究多集中于消费者网上表现因素和消费者个人特质，对于外部环境变量的探讨较少。本书在前人研究的基础上，以使用与满足理论、消费价值理论以及气象营销新理论为基础，重点探讨空气质量、天气情况与手机游戏消费行为的关系，通过实证分析探索空气质量和天气情况如何影响手机游戏用户的付费和社交行为，并进一步分析其影响机制。

第二，构建了空气质量、天气对手机游戏用户消费决策行为的影响关系模型。在借鉴前人对于手机游戏消费决策行为研究的基础上，笔者构建了空气质量对手机游戏用户消费决策的影响机制模型，研究揭示了在空气质量与手机游戏用户的付费决策中，游戏用户任务完成效率以及用户的社交行为具有中介效应，用户的个人技能等级以及所处的竞争环境起到调节作用。笔者构建了天气对手机游戏用户消费决策的影响机制模型，揭示了手机游戏在市场上的流行性起到调节作用。

第三，本书所涉及的主题在研究中仍处于探索阶段，属于较新的领域。以往的研究主要是从消费者的游玩动机、消费习惯以及人格特质和产品特点等方面分析网络游戏消费者行为，针对手机游戏这类新兴休闲娱乐产品的分析较少。本书以手机网络游戏为背景，通过分析相关变量与用户付费行为和社交行为的关系，帮助游戏企业深入了解游戏用户的消费行为，挖掘影响用户消费决策行为的关键因素，有助于企业制定有效的营销和用户策略。

由于作者的见识和水平有限，本书难免会有不足之处，恳请广大读者批评指正。

张卓

上海社会科学院新闻研究所　助理研究员

上海社会科学院（国家高端智库）社会科学大数据实验室研究人员

2021 年 3 月

目　录

| 第一章 |

绪　论

第一节　研究背景及问题提出

一、理论背景

伴随着移动互联网的蓬勃发展，手机游戏下载和付费行为已引起学者们的关注。根据中国互联网络信息中心发布的《第47次中国互联网络发展状况统计报告》显示，截至2020年12月，我国网民规模达9.89亿，互联网普及率达70.4%；手机网民规模达9.86亿，网民中使用手机上网人群的占比达99.7%。网络娱乐类应用进一步向移动端转移，手机网络游戏用户规模为5.16亿（见图1-1），占手机网民的52.4%。①

在宏观政策、产业发展等层面，游戏产业得到国家的重视和支持。2017年5月，中共中央办公厅、国务院办公厅印发了《国家"十三五"时期文化发展改革规划纲要》，要求"优化文化产业结构布局。加快发展网络视听、移

---

① 数据来源：中国互联网络信息中心，《第47次中国互联网络发展状况统计报告》。

1

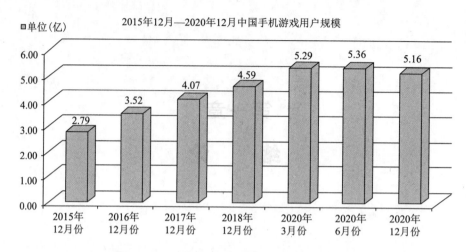

图 1 - 1　2015—2020 年中国手机游戏用户规模

注：笔者根据相关数据整理，数据来源为中国互联网络信息中心 http://research. cnnic. cn/

动多媒体、数字出版、动漫游戏、创意设计、3D 和巨幕电影等新兴产业"①。根据中国音数协游戏工委与中国游戏产业发展研究院共同发布的《2020 年中国游戏产业报告》显示，随着新冠肺炎疫情得到有效控制，游戏产业逐步恢复正常生产经营，2020 年第三季度中国游戏市场实际销售收入为 685. 22 亿元，环比增长 3. 37%，产业实际销售收入实现阶段性增长，预测我国的游戏产业市场规模有望突破 3300 亿元，远超电影产业，② 手机网络游戏已经成为网络游戏发展的重要趋势之一。

学者们早已注意到了虚拟世界的科研价值（Bainbridge，2007）。在线虚拟世界是人们可以以某种现实的方式工作和互动的电子环境，从社会、行为经济科学、管理科学以及以人为中心的计算机科学角度进行深入研究，都具有巨大的潜力。以网络游戏作为虚拟世界的切入点去探索虚拟世界和现实世界的关

---

① 来源：中华人民共和国中央人民政府网，http：//www. gov. cn/zhengce/2017 - 05/07/content_ 5191604. htm.

② 数据来源：中国音数协游戏工委与中国游戏产业研究院，《2020 年中国游戏产业报告》。

系，对于未来的研究发展具有重要的意义。

空气质量和天气情况等外部要素信息蕴含巨大的经济价值。随着居民物质文化生活水平日渐提高，人们赖以生存的空气质量以及天气变化全面而深入地触发并影响消费心理和行为（Lundberg，1996；Lepori，2009）。沃森广告公司副总裁 Seifer（2017）在一次演讲中谈到，天气数据具有我们无法想象的作用，对于人类行为和商业决策不可或缺。可见，空气质量和天气情况是企业获取竞争优势和规避风险的重要参考，空气和天气同样是关乎个体福祉（Well-being）的重要依据（Zivin，2018）。

从文献看，现有相关研究主要涉及宏观经济、金融以及心理学等多个研究领域（Michael et al.，1979；Broadhead et al.，1983；Saunders，1993；Zhang et al.，2017），且研究成果较为零散、缺乏聚焦，鲜有对空气质量和天气情况如何影响虚拟世界消费者行为的研究，空气和天气如何影响消费者自身状态和心理变化进而影响消费行为的机制尚未明确。因此，在此背景下，挖掘和解析空气质量和天气情况对于手机游戏用户消费行为的影响机制是值得研究的课题。

正如美国市场营销协会（AMA）在 2017 年伊始为读者们呈现的"贺岁文"所言，营销学者们正在根据天气情况预测买家行为（Brooke，2017）。我们身处的天气和空气质量无疑成为消费行为研究中客观存在、不可忽视的因素，而这种贺岁文也许正是研究的风向标，同样也是本书关注的核心问题。

二、现实背景

根据《第 47 次中国互联网络发展状况统计报告》显示，截至 2020 年 12 月，我国手机网民规模达 9.86 亿，较 2020 年 3 月新增手机网民 8885 万。网民中使用手机上网的人群占比 99.7%，网民手机上网比例继续攀升。

随着我国互联网基础设施建设的不断优化升级以及互联网技术的飞速发展，移动媒体成为网民获取资讯、沟通信息的重要媒介。大规模普及的智能手机以及固定宽带和 5G 网络的高效覆盖，网络速率在不断提升，智能手机已成为我国网民使用率最高的上网终端。尤其是历年来我国不断着力推进数字化进程和数字经济的发展，网络使用资费的降低、连接速度的提升使得互联网更为惠民。移动互联网承载的服务和功能、应用场景在网民中不断扩大和渗透，手机网络用户规模也将持续增长。

手机网络用户的增长也带来了大批的手机网络游戏用户。据《第 47 次中国互联网络发展状况统计报告》显示，截至 2020 年 12 月，我国网络游戏用户规模达 5.18 亿，占网民整体的 52.4%；手机网络游戏用户规模达 5.16 亿，占手机网民的 52.4%。

2020 年的新冠肺炎疫情，百姓的线下消费和社交等活动都受到了限制，手机网络游戏在一定程度上以线上活动的方式满足了网络用户的娱乐需求，拉动了网络游戏行业营收和游戏企业数量的增长。数据显示，2020 年上半年国内网络游戏市场销售收入中，移动游戏占比为 75.04%，远超其他各类游戏。据工信部数据显示，截至 2020 年 4 月末，我国国内市场上监测到的 App 数量为 359 万款，游戏类 App 数量继续领先，达 88.4 万款，比 3 月末增加 0.5 万款，占全部 App 比重为 24.6%。可见，手机网络游戏产品数量增速明显。按移动游戏的市场实际销售收入来看，2020 年上半年，我国自主研发游戏国内市场实际销售达到 1201.4 亿元，同比增长 30.38%，增长了 279.97 亿元。我国自主研发的游戏，在海外市场的实际销售收入达到 75.89 亿美元，折合人民币约 533.62 亿元，同比增长 36.32%。

在 2020 年上半年中国移动游戏市场收入前 100 的移动游戏中，角色扮演类游戏数量占比最高，为 30%。一系列数据显示，一方面，手机网络游戏在我国有着巨大的市场基数和人口红利；另一方面，角色扮演类游戏的盈利模式和用户消费习惯值得关注。

从 2015 年开始①，我国网民对于手机游戏的付费习惯已经逐渐形成，其中付费金额在 50 到 100 元人民币的占据多数。随着移动游戏用户的成长，用户的游戏习惯和付费习惯会日渐成熟，用户付费的意愿和付费金额还会有一定程度的上升，整体市场相对稳定。由此可见，手机网络游戏的普及应用以及用户的付费充值为游戏厂商带来了巨大的收益。但是游戏厂商也时刻面临着行业内部的竞争和外来独立游戏的挑战。当前，国内手机游戏种类繁多、层出不穷、竞争激烈，同时，手机游戏玩家对游戏质量的要求也越来越高。基于游戏玩家选择的多样性和转换的便捷性，使得手机游戏用户从一款游戏转到其他游戏的转换成本变低。在此背景下，研究手机游戏用户的付费心理和消费行为，做到精准营销就变得格外重要。

如前文所述，空气质量和天气要素蕴含着很大的经济价值。目前，空气质量和天气这类外部环境因素已经逐渐变成一种有效的工具，用以预测个体行为和组织决策，帮助个体和组织提高效率。因此，研究和剖析空气质量和天气情况的影响机制不仅有助于更系统地认识天气对个体心理和行为的影响，还有助于企业将这些外部数据纳入营销决策支持系统（MDSS），从而有利于企业与消费者建立更紧密的关系，规避和控制由空气和天气所带来的风险和影响。

三、问题提出

为了不断完善产品和增强用户的留存度和付费粘性，游戏公司更为关注用户在游戏中的付费行为。在手机游戏用户的管理和互动方面，手机游戏企业也在多方面进行探索和尝试。为了增强玩家体验，手机游戏企业通过设置游戏充值奖励、赠送道具等方式，以期增强玩家黏性和对游戏的忠诚度，从而促进用户付费。

---

① 数据来源：艾媒咨询（iiMedia Research），《2015—2016 中国手机游戏行业年度研究报告》。

　　研究人员通过对"魔兽世界"游戏的研究发现，网络游戏中，玩家（手机游戏用户）的消费体验主要表现在玩游戏以及与游戏中其他玩家的社交行为，尤其是在网络游戏中，社交是玩家持续玩一些游戏的主要原因，玩家在游戏中的付费行为即可认定是对游戏产品的消费，与其他游戏玩家进行礼品的互赠与情感互动同样是消费的过程（McCreery，2015）。

　　企业非常关注游戏用户的付费和社交行为（毕颜冰，2014）。作为中国游戏厂商前三强的腾讯、网易、完美世界，通过游戏产品内容的完善和游戏产品质量的提升，不断创新玩家游戏方式和方法，同时整合营销资源，采用大数据分析等方式来提升手机游戏产品的付费率和付费金额。

　　空气质量与人的安全和日常经济行为息息相关。当前，国内居民物质文化生活水平日渐提高，人们对赖以生存的空气质量问题的关注度和敏感度相应提升，空气质量的好坏及其变化必将深入而全面地触发并影响人们的心理和消费行为（Lundberg，1996；Lepori，2009）。有研究发现，空气污染不仅会影响人的身体健康，还会使人产生负面情绪，增加了抑郁倾向的发生概率（Zhang et al.，2017）。当消费者所处的现实生活环境变得恶化，空气质量不好的时候，消费者是否会投入到网络虚拟世界中呢？空气污染影响了消费者的工作效率和心理状态，效率和心情受影响的消费者在手机网络游戏中的付费行为又会有怎样的变化？

　　Dexter 是第一批根据经验研究特定天气条件对人类行为影响的研究人员之一。他在《行为和天气》和《天气影响》中指出，天气对于人类健康和行为有着非常重要的影响。Cunningham（1979）的研究发现，天气情况影响人的助人行为，光照和人的助人行为呈现显著的正向相关性，阴雨天气的时候，人的助人行为会相对减少。由此延伸到网络游戏中的消费行为，天气情况与玩家互送礼品以及人际交往是否有一定联系？如果在天气情况较为恶劣的情况下，手机游戏玩家们互相赠送礼品的行为是否会相对降低？

　　因此，厘清空气质量、天气情况等现实外部环境的变化对于消费者在虚拟

6

手机游戏世界中的影响无疑成为我们研究中不可忽视的问题。同时，外部条件的变化也为企业以新的视角审视消费者行为从而进行商业决策提供新的思路。

第二节 研究目的及意义

一、研究目的

空气质量和天气情况对于消费的影响研究，学者们多基于消费者对现实产品的购买意愿和计划安排进行探索（Ran et al.，2015；Li et al.，2017）。涉及空气和天气如何影响虚拟世界消费的研究较少。探索现实外部环境的变化对于虚拟世界消费行为的影响是本书的研究目的之一。基于空气、天气与企业营销策略相结合的视角来研究网络游戏用户消费行为，揭示其中的关系和影响机制亦是本书的研究目的。

本书以使用满足理论、修正的消费价值理论以及气象营销新理论为基础，尝试以移动网络环境下手机游戏用户消费行为及企业营销策略作为研究切入点，基于研究所拥有的数据，具体从空气质量和天气对消费者效率状态以及情绪的影响、网络社会关系等问题出发，希望能够在理论新颖性、模式和策略指导性上展开一定的探索，具体见表1-1。

表1-1 网络游戏用户消费行为的研究视角

视角	理论渊源	研究核心	代表文献	与本书的联系
用户主导	使用与满足理论	游玩动机 游玩习惯	Chuen et al.，2006	理论基础
企业主导	激励与互惠	内容设置	Park，2013	问题启发

（续表）

视角	理论渊源	研究核心	代表文献	与本书的联系
用户与企业共同参与	消费价值理论	情感价值 社会价值	Seraj，2015	研究参考
本书空气、天气与企业营销策略	使用与满足理论 消费价值理论 气象营销新理论	消费者心理机制 企业营销策略		

注：笔者根据相关文献整理所得。

关于网络游戏的研究，以往学者们主要从用户主导（Chuen et al.，2006）、企业主导（Park，2013）及用户与企业共同参与（Seraj，2015）三个视角出发，主要聚焦于网络游戏内容、环节和消费体验（Holbrook et al.，1984；Chou et al.，2003）。然而，消费者身处的环境是否会影响消费者个人工作效率和状态等的研究相对较少（Hussain & Griffiths，2009；崔丽娟等，2006；才源源等，2007；Cohen et al.，2008）。本书采用二手数据通过实证研究来验证空气质量与手机游戏用户的消费行为的关系。具体来说，在空气质量与手机游戏用户消费行为的研究中，根据空气质量→用户效率→消费行为的研究逻辑，重点从空气质量指数、手机游戏用户的任务完成效率、用户的个人技能等级以及所处的竞争环境等因素，探讨和揭示空气质量与手机游戏用户消费行为的影响机制；在天气情况与手机游戏用户消费行为的研究中，根据天气→用户心理→消费行为的研究逻辑，重点从天气情况、手机游戏在市场上的流行性等因素，探讨和揭示天气与手机游戏用户消费行为的影响机制。

企业虽然不能改变外部环境因素，但是可以采取有效的营销策略激发手机游戏用户的消费活力，在企业的营销策略和效果评估的研究中，本书提出了企业奖励机制的促销策略和搭建用户互动平台的营销策略设计。

二、研究意义

（一）理论意义

本书基于外部环境要素→消费者状态和心理→消费行为的研究逻辑，探究消费者状态受环境变化的形成机制、影响机理和相应的企业应对策略。

第一，本书在一定程度上丰富了虚拟世界消费行为的研究。从与消费者行为息息相关的外部环境（空气质量和天气情况）入手，探索现实外部环境对虚拟世界的用户付费和用户社交等行为的影响。

第二，有助于进一步厘清环境对于消费者行为的影响，丰富了现有理论研究。诚如前述，仅仅聚焦手机游戏的内容和用户特质具有一定局限性，虽然有学者关注到空气中的味道对于消费者的感官刺激从而影响购买和付费行为的研究，但有关消费者身处的外部环境，特别是空气质量、天气等是否会影响消费者的心理和行为的研究相对较少，而这正是研究的空白点。本书以此为切入点，剖析和揭示外界环境要素对于虚拟世界消费者行为的影响机制，是对现有理论研究的丰富。

第三，拓展了营销决策研究的内容。将天气等外部数据纳入营销决策支持系统（MDSS）从而分析消费者购买倾向（Tian et al.，2018）是对营销决策研究内容的拓展和完善。

（二）实践意义

研究外部环境对于用户消费实时动态（譬如状态、心理变化）的精准影响（通过 IP 识别等方式），企业能够据以调整游戏内容推送、互动方式设计、激励奖励以及服务器设置，为企业有效增进与消费者互动提供新参考。

因而，从实践层面来看，本书通过实证分析探索空气质量和天气情况如何影响手机游戏用户的付费以及社交行为，并进一步分析其对手机游戏用户的付费和社交的影响机制，帮助游戏企业深入了解游戏用户的消费和行为动机，挖掘影响用户行为的关键因素，进而有助于企业制定有效的应对策略，具有重要的实践借鉴价值。

第三节　研究对象及内容

一、研究对象的界定

随着手机游戏制作技术和内容创作的不断创新发展，手机游戏的产品内容也趋向于多元化。从市场上的移动游戏产品内容类型来看，2018 年收入前 100 名的移动游戏中动作角色扮演类游戏占比最高，达到 40.0%；卡牌类游戏数量占比为 13.0%；策略类游戏数量占比为 11.0%；其余类型游戏数量共占比 36.0%。[①] 不同的手机游戏内容和应用服务有所差异，这使得手机游戏消费者的使用情境和使用行为也会有所不同，在分析的过程中不能一概而论，需要根据不同的手机游戏应用情景来分析手机游戏用户的游戏行为和付费习惯。

相关报告数据显示，动作角色扮演类游戏在移动游戏中是最大的品类[②]。在游戏术语中简称 ARPG（Action Role Playing Game），意思是游戏玩家角色所做出的动作（特别是攻击动作）与操作（如点击鼠标或屏幕）（Huffaker et al.，2009）。本书主要是对动作角色扮演类手机游戏消费行为的研究，因此，

[①] 数据来源：中国音数协游戏工委（GPC）、伽马数据（CNG），《2018 年中国游戏产业报告》。

[②] 数据来源：三七互娱，《2017 年年度报告》。

有必要了解和分析该类游戏所体现的特点、属性和付费特点。

动作角色扮演类游戏的特点在于其体现了一种用户对于人生观的模拟。游戏具有完整丰富的剧情，从动作角色扮演类游戏的本质属性来看，它是动作类与角色扮演类相结合的产物，因而，手机游戏用户在游玩动作角色扮演类游戏的时候，既是在玩一款动作游戏同时又是在玩有剧情的角色扮演游戏（Huffaker et al.，2009）。

动作角色扮演类游戏所具有的属性：（1）故事性。动作角色扮演类游戏大多来源于小说故事或是电影剧情（Broll，2008）。因此，该类游戏具有一定的故事情节，因而增强了玩家的观赏性。（2）用户寻求自我价值。动作角色扮演类游戏用户不断提升的等级和游戏中的装备可以满足用户从虚拟世界中获得自我价值的需要，玩家变成自己想成为的样子（Huffaker et al.，2009）。（3）竞争性。动作角色扮演类游戏吸收了动作游戏的特长，将激烈的打斗场面融入其中，使得节奏大大加快，更容易也更直接地调动了玩家的参与欲望（Huffaker et al.，2009）。（4）社交性。动作角色扮演类游戏的用户们在游戏中可以与其他玩家进行互动与社交（Choi et al.，2004），社交功能让该类游戏的用户黏性更为增强。

动作角色扮演类游戏的付费特点：玩家可以免费下载游戏，这使得游戏的进入门槛降低了，但是玩家要提升游戏体验就需要充值付费了。在此类游戏中，玩家拥有自由选择权，留存与否，是否充值都由玩家自主决定。而付费模式已被大部分手机游戏玩家所认可，玩家的消费习惯从而逐渐养成。

从产业层面来看，付费类手机游戏是企业的主要盈利点，受到业界的关注度更高，也是手机游戏厂商探索内容优化以及不断激励消费者付费行为的重心。随着消费者的存量化和手机游戏市场的日趋成熟，目前消费者准入门槛较低的免费下载、付费游玩的手机游戏市场前景更为广阔。消费者参与游戏的过程涉及在线消费行为，因而了解手机游戏用户在游戏过程中的付费和社交行为对于企业来说更具实践价值。

从研究层面来看,现有文献集中于 PC 端网络游戏研究,关于手机移动客户端的游戏研究成果相对较少。从研究内容来看,现有研究主要聚焦于游戏的内容、环节和消费体验(Holbrook et al.,1984;Chou et al.,2003),尚未见以消费者所处的外部环境(空气质量和天气)为切入点,探讨如何影响手机游戏用户的消费行为并进行量化分析的研究。因而,以与手机游戏用户息息相关的空气质量和天气为切入点,对手机游戏用户的消费和社交行为进行实证分析,能够丰富在线移动网络用户行为研究情境,拓宽现有研究的格局和视野。

基于以上考虑,本书的研究对象最终确定为手机游戏用户在动作角色扮演类游戏中的付费和社交行为。在此情境下,本书将针对手机游戏用户身处的外部环境(空气质量和天气情况)如何影响他们在游戏中的付费金额和社交行为展开研究。

在研究的过程中,为了保证研究样本的代表性,确保实证分析的样本数据能反映手机游戏用户消费的真实使用情况,研究者以中国三大网游游戏公司之一的完美世界作为调研对象,同时,为了遵守公司和消费者数据的保密要求,采用随机抽样的方式抽取手机游戏用户,对用户在游戏中的使用和消费行为数据进行分析。

二、研究内容的界定

本书关注空气质量、天气情况与手机游戏用户消费行为的关系以及对应的企业营销策略制定,以外部环境要素→消费者状态和心理→消费行为为逻辑条线,系统研究空气质量与天气对于网络虚拟世界中手机游戏消费行为的影响,并引入空气质量指数(AQI)等与手机游戏用户付费行为以及社交互惠行为息息相关的因素,思考当消费者周围的空气和天气条件变化时,企业究竟应该如何设计营销策略应对消费者的变化和激发消费活力,进而对营销策略进行效果评价等。

针对手机游戏用户的使用情境,本书认为手机游戏用户的消费和使用行为主要包括用户在游戏中的付费充值以及游戏中的社交行为。空气质量、天气的变化以及影响手机游戏用户消费行为的因素和机制探索是本书的核心研究内容。

虽然空气质量和天气同属于外部环境因素，但是，由于空气质量和天气情况对于消费者的影响机制具有差异性，因此，分别分析它们对消费者付费和社交行为的不同作用机理，可以更好地揭示外部环境对消费行为的影响机制。

第四节　研究方法

本书遵循定性和定量相结合的研究思路。定性研究方面，主要是文献研究，定量研究方面主要是计量分析。

一、文献研究

本书采用文献梳理方法，对研究内容进行理论分析和逻辑论证。在空气质量和天气情况对手机游戏用户付费和社交行为的影响模型建构过程中，通过对涉及手机游戏用户消费行为和社交影响因素研究的文献资料进行梳理和分析整理，借鉴前人的研究成果，对理论模型中涉及的相关变量的内涵进行界定和把握，同时，增加外界环境变量如空气质量指数以及天气等影响因素。基于前人的理论模型，提出了本书情境下手机游戏用户的付费和社交行为影响因素理论模型。本书的英文文献搜索来源主要是科研数据库平台（Web of Science），在Web of Science 中 SSCI（社会科学引文索引）各大电子期刊数据库里用检索词进行搜索，SSCI 中主要的电子期刊数据库包括：综合学科学术文献数据库（EBSCO）、爱思唯尔全文数据库（ScienceDirect）、西文过刊数据库（Jstor）以及电子期刊全文库（Wiley Online Library）等，以及使用谷歌学术搜索（Google Scholar），中文文献来源主要是中国知网的中文社会科学引文索引

（CSSCI）文献库。

笔者主要使用思维导图软件（Docear）和文献管理软件（Mendeley）等工具对文献进行阅读、整理和分析。

二、计量分析

本书以手机游戏行业为背景，以使用与满足理论、消费价值理论以及气象营销理论为基础，以手机游戏用户消费行为为核心，系统性地探讨空气质量、天气情况与手机游戏用户消费行为之间的关系，剖析其影响机制以及企业的营销策略和效果。通过文献分析和总结、数据收集和整理，根据研究主题进行研究内容和研究方法的设计，以期完善理论、解释现实和指导实践。研究的技术路线图参见图 1 – 2。

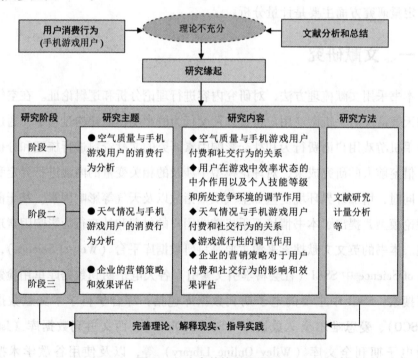

图 1 – 2　本书的技术路线图

本书主要是探讨变量间的关系，因而研究以计量分析为主。在各部分的研究中，先基于文献研究提出理论假设，严格按照 Malhotra & Birks 的研究分析方法，主要是对二手数据进行收集、整理和分析（对用户在游戏中的使用和消费行为数据进行分析）；根据 Malhotra & Birks（2006）研究方法的总结，分析过程分为三步，即编码（Coding）、数据整理和制表（DataEntry & Tabulation）、以及统计分析（Statistical Analysis）。具体来说：

在空气质量与手机游戏用户消费行为分析中，笔者参考 Hsiao（2016）的研究方法和模型，着力探究空气质量与手机游戏用户付费行为以及社交行为的关系，采用恰当的回归方法（包括 OLS 回归、中介效应和调节作用的检验等）验证了手机游戏用户的任务完成效率在空气质量和手机游戏用户付费金额之间的中介效应，还检验了手机游戏用户的角色能力等级、所处的竞争环境在空气质量与手机游戏用户付费金额关系上的调节作用。研究设计确保测量结果的稳健性。

在天气情况与手机游戏用户消费行为分析中，根据以往学者们关于天气对促销效果的影响研究，参考他们针对天气的划分和衡量方法（Li et al.，2017），重点探究天气（晴天/阴云/雨雪）与手机游戏用户付费行为以及在游戏中社交行为的关系，采用恰当的回归方法（包括 OLS 回归、调节作用的检验、SUR 回归等）验证了手机游戏的流行性在天气和手机游戏用户付费金额关系上的调节作用。研究设计确保测量结果的稳健性。

在企业营销策略和效果评估上，通过双重差分法（Difference – In – Difference，简称 DID）来检验企业推出的奖励机制促销策略以及搭建用户互动平台对手机游戏用户的付费和社交行为的影响效果评估。

研究中以 R 软件和 Stata 统计分析软件作为定量分析工具。

第五节　主要创新点

论文的创新点可归纳为以下三个方面：

第一，将空气质量指数和天气变量等引入网络用户消费行为领域是本书的重点突破。现有关于网络消费行为的研究多集中于消费者网上表现因素和消费者个人特质，对于外部环境变量的探讨较少。本书在前人研究的基础上，以使用与满足理论、消费价值理论以及气象营销新理论为基础，重点探讨空气质量、天气情况与手机游戏消费行为的关系，通过实证分析，探索空气质量和天气情况如何影响手机游戏用户的付费和社交行为，并进一步分析其影响机制。

第二，构建了空气质量、天气对手机游戏用户消费行为的影响关系模型。在借鉴前人对于手机游戏消费行为研究的基础上，笔者构建了空气质量对手机游戏用户消费行为的影响机制模型，揭示了在空气质量与手机游戏用户付费行为的关系中，游戏用户任务完成效率以及用户的社交行为具有中介效应，用户的个人技能等级以及所处的竞争环境起到调节作用。笔者构建了天气对手机游戏用户消费行为的影响机制模型，揭示了手机游戏在市场上的流行性起到调节作用。

第三，本书所涉及的主题在研究中仍处于探索阶段，属于较新的领域。以往的研究主要是从消费者的游玩动机、消费习惯以及人格特质和产品特点等方面分析网络游戏消费者行为，针对手机游戏这类新兴休闲娱乐产品的分析较少。本书以手机网络游戏为背景，通过分析相关变量与用户付费行为和社交行为的关系，帮助游戏企业深入了解游戏用户的消费行为，挖掘影响用户行为的关键因素，有助于企业制定有效的营销策略。

| 第二章 |
相关理论及研究综述

随着手机游戏制作技术和内容创作的不断创新发展，手机游戏的产品内容也越来越多元化。从市场上的移动游戏产品内容类型来看，不但有卡牌类游戏（如《英武三国》《我叫 MT》《我是大魔王》等），也有策略类游戏（如《武动苍穹》《魔力宝贝》《灭神》等），还有在移动游戏中占比最高的动作角色扮演类游戏（如《神雕侠侣》《最终幻想》《永恒之巅》等），其余类型游戏也有多种内容。由于不同的手机游戏内容和应用服务有所差异，这使得手机游戏消费者的使用情境和使用行为也会有所不同，在分析的过程需要根据不同的手机游戏应用情景来分析其用户的游戏行为和付费习惯。而本书旨在研究动作角色扮演类游戏中消费者的付费行为和在游戏中的社交行为。

本章主要内容为：第一，对手机游戏用户消费行为内涵进行了界定；第二，梳理归纳了手机游戏用户消费行为分析的理论基础（使用与满足理论、消费价值理论以及气象营销新理论）和相关研究进展；第三，在气象营销新理论的基础上，综述气象因素（空气质量、天气）和用户消费行为的相关研究；第四，回顾了游戏公司针对网络游戏产品所采用的营销策略。通过文献回顾和梳理，为研究的模型构建以及后续分析奠定基础。

针对手机游戏用户的使用情境，笔者认为手机游戏用户的付费行为和社交行为是用户消费行为的主要组成部分。游戏用户在游戏过程中的充值付费以及付费金额都是由用户自主决定的。通过对相关文献和有关手机网络游戏用户消费行为的研究议题的梳理，笔者认为，研究手机游戏用户消费行为，一方面要聚焦游戏用户在手机游戏的使用与满足因素（用户的社交互惠、用户所属组织和竞争环境、用户的技术服务适配性），还要关注用户在游戏中的价值因素（用户的角色能力价值、用户的视觉权威价值）；更不能忽视用户在游戏过程中身处的外部因素（气象环境：空气质量、天气；外部条件：节假日、手机游戏在市场上的流行性等）。

第一节　手机游戏用户消费行为的内涵和界定

根据手机游戏用户的使用行为和消费行为，本节从手机游戏用户付费意愿、手机游戏用户的付费意愿与消费行为两部分内容进行分析，对本书中的手机游戏用户消费行为的内涵进行界定。

一、手机游戏用户的付费意愿

移动网络游戏市场和应用程序的购买具有巨大的增长潜力，但是目前关于虚拟移动端游戏的消费者购买和付费意愿的研究甚少。付费类手机游戏是企业的主要盈利点，受到业界高度关注，也是手机游戏厂商探索内容优化以及不断激励消费者付费行为的重心。随着手机游戏市场的日趋成熟，目前消费者准入门槛较低的免费下载、付费游玩的手机游戏市场前景更为广阔，消费者的整个游戏使用的过程涉及在线消费行为，因而了解手机游戏用户在游戏过程中的付费行为对于企业来说更具实践价值。为了更好地了解手机游戏用户的付费行为，就要界定何谓付费意愿及其主要内涵。

付费意愿是用户购买某种特定产品或服务的可能性，是可以作为预测消费行为的重要指标（Dodds et al.，1991）。在互联网时代，用户付费意愿是参与电子商务交易的重要指标，付费意愿还可以指虚拟社区用户购买知识产品或服务的主观意愿并为之付出的时间和货币资源（Pavlou et al.，2006）。

以往对于付费意愿的研究主要集中在以下几个方面：（1）以消费者态度理论为基础的付费意愿研究（Pande et al.，2011；Li et al.，2002），聚焦于探讨消费者出于对品牌和产品的态度所产生的购买意图。（2）以计划行为理论为基础的付费意愿研究（Yeon，2011；Shah et al.，2012），聚焦于探讨消费者对于产品购买的计划和决策。（3）以感知价值理论为基础的付费意愿研究（Hsiao et al.，2016；Ponte et al.，2015），聚焦于探讨消费者的感知价值和付费意愿的关系。（4）侧重购买后行为的意愿评估（Guo，2013；William，2014），聚焦于消费者对于产品的评估。关于付费意愿的内涵理解，笔者通过对学者们观点的总结，汇总如表2-1所示。

表2-1 付费意愿的内涵

代表文献	理论基础	核心观点	与本书的联系
Dodds et al.（1991）	购买行为	消费者购买具有某种特点产品或品牌的可能性，是预测消费行为的重要指标。	研究基础
Li et al.（2002）	消费者态度	消费者对于品牌态度和购买意愿的主张。	研究启发
Pavlou et al.（2006）	购买行为	虚拟社区用户购买知识产品或服务的主观意愿并为之付出的时间和货币资源。	研究参考
Yeon（2011）	计划行为	消费者对产品购买的计划和决策。	研究参考
Pande et al.（2011）	消费者态度	消费者出于对产品的态度和意图而产生的购买意图。	研究启发

（续表）

代表文献	理论基础	核心观点	与本书的联系
Shah（2012）	计划行为	消费者基于一种计划行为的购买。	研究参考
Guo（2013）	意愿评估	消费者对于产品和服务系统可靠性评估后的购买行为。	研究启发
William（2014）	意愿评估	消费者购买某种特定产品或品牌的主观概率和可能性。	研究参考
Ponte et al.（2015）	感知价值	消费者的感知价值越高，付费意愿越强，付费金额越多。	研究启发
Hsiao et al.（2016）	感知价值	消费者的忠诚度影响付费意愿。	研究启发

注：笔者根据相关文献整理所得。

二、手机游戏用户的付费意愿与消费行为

通过上文总结，笔者发现，一些学者认为，用户的消费意愿就等同于付费意愿，用户的付费行为就等同于消费行为（Pavlou et al.，2006；Yeon，2011；Shah，2012；Ponte et al.，2015）。因而，在本书中，我们可以将手机游戏用户的付费行为理解为用户消费行为。

鉴于手机游戏用户在游戏中的消费行为不仅是单纯的付费购买，以往的研究认为，网络游戏中，游戏用户的消费体验和消费过程主要表现在玩游戏以及与游戏中其他玩家的社交行为，尤其是网络游戏社交是游戏玩家继续游玩一些游戏的主要原因，玩家购买游戏的充值行为是对游戏产品的消费，与其他游戏玩家进行礼品的互送与情感互动同样是消费的过程（McCreery，2015）。

因此，本书将手机游戏用户的消费行为界定为用户在游戏中的付费行为和社交行为。

第二节　手机游戏用户消费行为分析的
理论基础和相关研究进展

手机网络游戏的快速发展，除了获得业界的关注外，也同样引起了学者们的关注，近几年，涌现了一些关于手机游戏的研究成果。

本节将系统回顾研究手机游戏用户消费行为的主要理论：使用与满足理论、消费价值理论以及气象营销新理论的内涵和研究概况，同时对相关研究进展进行梳理。

一、使用与满足理论

（一）使用与满足理论的内涵

使用与满足理论主要用于分析大众为什么会接触媒介，通过分析大众接触媒介的动机以及从中获得了怎样的需求满足，来考察媒介带给人们的心理和消费行为上的效用。

Katz 是使用与满足理论的首要提出者（Katz et al.，1973）。研究人员认为，人们接触媒介的行为可以表达为社会因素→心理因素→媒介期待→媒介接触→需求满足的行为过程。这个行为模式主要包括：（1）人们为了满足自己的社会需求、个人需求和心理需求而接触媒介。（2）人们接触和使用媒介要具备的两个条件分别是接触媒介的可能性和大众基于对媒介接触和使用的过去经验形成的对媒介的看法和评价。（3）人们根据自身需求，选择符合需求的相关媒介，这个过程即为选择和使用的过程。（4）人们接触和使用媒介后的后果有两种：一种是需求得到了满足，另一种是需求未得到满足。（5）人们无论需求满足与否，都将会对未来媒介的选择和媒介产品内容的选择行为产生影响，人们根据满足与否的内容和媒介评价经验来修正对现有使用媒介工具的看法，也同时改变和影响着对未来媒介使用的看法和期待。

学者们基于使用与满足理论研究互联网情境下的消费行为已较为流行，使用与满足理论为分析消费者为何接触和使用媒介提供了个人和心理上的分析逻辑，然而，该理论在研究手机游戏用户的消费行为中也存在一定的局限性，它不能全面地揭示消费者使用某种媒介和内容的社会关系，同时忽视了消费者自身所处的社会条件和环境因素。

（二）相关研究进展

使用与满足理论适用于研究在线网络游戏中玩家的使用动机和满足感（Yee，2006；Wu et al.，2010）。研究人员通过分析网络游戏中玩家动机的经验模型，从而理解和评估玩家彼此之间的差异以及游戏动机、玩家年龄、性别、使用模式和游戏内玩家行为。研究者在研究中使用因子分析方法来创建玩家动机的经验模型，分别是网络游戏玩家的成就动机、社交动机和沉浸动机。他们借鉴使用与满足理论，调查了在线游戏玩家从游戏中获得的多重满足（成就、享受和社交互动）以及他们玩在线游戏后对游戏厂商所提供的服务机制的体验，探讨了玩家对特定在线游戏主动"黏性"的重要前因，并探究了这些前因之间的关系。研究结果表明，满足感和服务机制都会显著地影响玩家持续的游戏动机，这对于玩家在线游戏的主动黏性至关重要。随着研究的不断深化，学者们发现玩家感知到的移动性以及感知控制和技能是游戏玩家的动机因素，研究结果还显示了玩家的满意度起到中介作用（Park et al.，2014）。

使用与满足理论还能更好地揭示哪些因素影响用户使用移动手机游戏应用（Lee et al.，2010；Wei et al.，2014）。研究人员们基于移动手机游戏环境中用户内容共享的动机，识别使用手机应用进行内容共享的用户类型，运用使用与满足理论的研究范式，对来自两所大学的 203 名本科生和研究生进行了调查，调查结果显示，感知满足因素（如信息发现、娱乐、信息质量、社会交往、人口统计变量、对移动通信设备功能的基本熟悉程度、IT 相关背景等）对于预测使用者的使用意图具有重要意义。学者们基于使用与满足理论的分析逻辑和研究框架，研究了影响手机游戏用户在移动设备上玩社交互动游戏的因素，研究结果显示，网络外部性和个人满足度都会显著地影响手机游戏用户在移动设备上玩社交游戏的意图。虽然时间灵活性是移动设备功能之一，不过对玩移动社交游戏的意图影响相对较小。

根据使用与满足理论，研究人员分析了影响人们在移动设备上选择玩社交互动游戏的因素。研究者根据在线问卷收集的 237 份有效回复，采用结构方程模型技术检验研究模型，研究结果显示，手机网络游戏用户的个人满足度会显著影响在移动设备上玩社交游戏的意图。消费者使用过程中的满意程度以及享受程度显著影响移动设备服务的选择。实用性和兼容性会对客户的行为意图产生影响。研究还发现，使用创新的系统会引发消费者的焦虑进而导致情感障碍（Wei et al.，2014；Lu et al.，2009）。

综上分析，笔者从使用与满足理论中提炼出：用户在使用手机游戏过程中的社交互惠因素、用户所属组织和竞争环境、用户的技术服务适配性等是影响消费行为不可忽视的重要因素，这为本书的研究模型建构提供了参考依据。

二、消费价值理论

（一）消费价值理论的内涵

Sheth 等（1991）提出了消费价值理论（Theory of Consumption Value，简称 TCV），主要用于分析消费者是否会购买和选择某消费品。该理论关注消费价值，为什么消费者选择一种产品类型而不是另一种产品类型，以及为什么消费者选择一种品牌而不是另一种。该理论适用于涉及各种产品类型（非耐用消费品、耐用消费品、工业产品和服务）的选择。该模型（见图 2 - 1）提出了影响消费者选择的五个价值观，分别是：功能价值观、社会价值观、情感价值观、条件价值观和认知价值观。

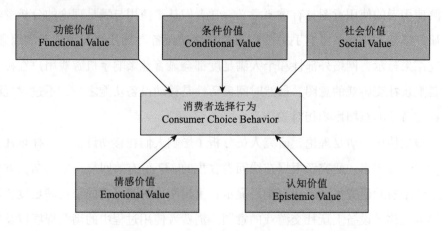

图2-1　消费价值理论（TCV）模型

消费价值理论认为，消费者的选择是多种消费价值的函数，在任何给定的选择情况下消费价值都会发生影响和作用，消费价值间又是独立的。其中，功能价值（Functional Value）的定义和内涵为：功能价值被认为是消费者选择的主要驱动力，消费者选择的功能价值是个人从功利或物理性能中获得的感知效用；另一种理解是消费者通过产品拥有的功能、功利或物理属性来收获价值，其中，功能价值是在选择属性的配置文件上测量的。社会价值（Social Value）的定义和内涵为：消费者获得的感知效用从一个替代或者与多个特定社会群体的关联下，选择通过与社会经济、文化种族相关联的人口群体的联系来获得的社会价值。情感价值（Emotional Value）的定义和内涵为：消费者从替代方案中唤起感情或情感状态的能力所获得的感知效用，当消费者与特定情感相关联或在促使或延续这些感受时所获得的情感价值，情感价值是根据与替代方案相关的感受情况来衡量的。认知价值（Epistemic Value）的定义和内涵为：从替代方案获得好奇心，提供新颖性和或满足对知识的渴望的能力而获得的感知效用，另一种理解是通过涉及好奇心、新颖性和知识情况获得认知价值。条件价值（Conditional Value）的定义和内涵为：消费者由选择制造商面临的特定情况或一系列情况导致的替代方案所获得的感知效用，条件价值是根据选择的意外事件的概况来衡量的。

（二）相关研究进展

根据消费价值理论（TCV），Park 等（2011）通过对在线游戏玩家的调查，提出了一种修正的消费价值理论（MTCV）（见图 2 - 2），用于反映在线游戏玩家对可购买游戏物品价值的感知。对原始的消费价值理论（TCV）进行了修改，以适用于网络游戏的特征和研究情境。

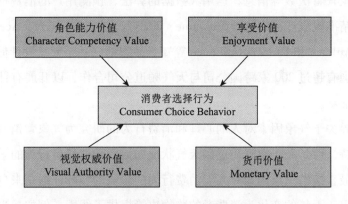

图 2 - 2　修正的消费价值理论（MTCV）

研究者提出了修正的消费价值理论（MTCV），其中影响消费者选择的四大价值观，分别是角色能力价值（Character Competency Value）、享受价值（Enjoyment Value）、视觉权威价值（Visual Authority Value）和货币价值（Monetary Value）。他们的研究结果也揭示了，在大型多人在线角色扮演游戏中，高等级的玩家认为视觉权威价值和金钱价值更重要，研究还发现了年轻玩家对视觉权威价值更感兴趣，而年长玩家对角色能力价值更感兴趣。

综上分析，笔者从修正的消费价值理论中发现和提炼出：用户在手机游戏过程中的角色能力价值、视觉权威价值是影响消费行为的重要因素，这些为本书的模型建构提供了参考依据。

三、气象营销新理论

（一）气象营销新理论的内涵

2013 年 8 月 14 日《华尔街日报》发表的一篇文章中提到，天气预报公司 Weather Co. 根据所拥有的美国等地区的天气、积雪、云量等气象数据，为很多手机应用市场商家提供天气预报信息，根据消费者查看天气情况的时间、精确地点以及查看次数等信息，运用大数据的算法，预测用户的消费行为，从而帮助企业精准投放产品广告（Katherine, 2013）。诸如 Burberry、Ace、TacoBell、Delta Airlines 和 Farmers Insurance 等知名品牌都已基于天气设计促销等策略安排，美国有超过 200 家跨国公司与天气频道公司合作，以开展有针对性的广告和促销活动。

学术界关于气象因素对人的心理和消费行为的研究为气象营销的实施提供了理论支持，但是关于空气质量和天气状况如何影响消费者行为的学术研究却很有限。最直接的气象因素对人们消费行为的影响的实际证据是来自商场购物的实际支出，天气的变化为消费者的购物决策提供了线索，例如，当降雨量增加的时候，购物中心的人流量就会显著地减少；在雨天等不利于人们出行的天气环境下，购物中心的销量会因为人们的外出意愿的降低而受到影响，因此对于企业来说，应该参考当地的气象环境有的放矢地进行营销活动，从而确保达到更好的营销效果（Steele, 1951; Parsons, 2001）。研究人员发现，消费者在晴朗的天气下购买敞篷车的概率会增加，尽管未来会发现他们对于敞篷车的购买有些冲动，而雪天的时候消费者为汽车配置购买雪地轮胎的概率会增加，因此针对不同的天气情况，企业向消费者推荐不同的车型和车辆配置。

在互联网技术快速发展以及智能媒介使用率越来越高的大数据时代，企业可以通过各种途径获知现在和未来时间下的气象环境情况。随着通信技术和移动互联网技术的快速发展，特别是智能手机的日渐普及，在如今的大数据时代背景下为企业能够实时了解消费者所经历的动态气象环境提供了技术支持，从而有助于企业实施不同的营销策略，由此就衍生出了基于气象环境的气象营销。现阶段，学者们基于情境营销提出了气象营销理论，剖析了哪些气象因素对于消费者行为具有影响力，并从心理学和管理学视角，分析其中的影响机制（李晨溪 & 姚唐，2019）。研究人员从心理学角度出发，指出人们对于气象环境的变化所产生的心理状态的变化是人们的内心价值取向和心理预期的真实反映，而这种心理价值取向和预期会进一步影响人们的具体判断和后续行为，在影响力度上，对于有心理和健康方面问题的人群来说，气象因素对于该类人群的行为和反应的影响力度会更大（Winter，2000；Page & Howard，2010）。

（二）相关研究进展

研究者们认为气象因素对于消费行为的影响通过以下几个方面来传导：

1. 气象因素影响情绪

气象环境对于人情绪的影响主要由于阳光导致人的生理结构和状态发生变化进而引发心情和情绪的改变，因而天气晴朗的时候消费者会产生愉悦的情绪；相反，天气阴雨的时候消费者会产生消极的情绪（Klimstra et al.，2011；Conlin et al.，2007）。晴天的时候，消费者在餐厅用餐，因为产生愉悦的情绪乐于给服务员小费（Cunningham，1979）。气象环境的变化还会影响消费者在零售实体店中以及网络在线购物的消费支出，网络在线购物者如果在晴朗的天气环境下会选择更多的产品，消费支出也比在阴雨天气时多。研究者们还发现，餐厅中的室内照明如果可以接近日光的效果，将有助于降低消费者的负面情绪，从而有利于提升餐厅的销售量（Kyle et al.，2010；Yonat et al.，2013）。还有研究人员基于天气的移动促销的现场实验数据检验不同天气条件的情况下，消费者对于产品和促销的反应，学者们的研究结果显示，在阳光明媚的天气情况下，消费者对促销的响应程度更高且速度更快，而在下雨天的时候，消费者响应程度更低、速度更慢（Li et al.，2017）。

2. 气象因素引发选择性偏差

气象环境对于消费者来说具有一定的参考性，消费者基于以往生活经验，在消费产品的购买时间和品种类目上进行有计划的选择。因而，基于经验的购买会产生一定的选择性偏差，特别体现在耐用商品的选购上。消费者现在的偏好判断会影响未来产品的选择，因而未来的选择倾向会受到现在偏好的投射影响。有研究发现，如果消费者购买冬季服装是在非常寒冷的时间里做出的决定，那么他在未来退货的可能性就会很高，这正是因为消费者当时身处的寒冷的环境下将自己当下的需求过高的估计因而容易产生选择性偏差和发生冲动购买的行为（Colin et al.，2007）。正如前文所述，研究人员揭示的消费者在晴朗的天气下购买敞篷车的概率会增加，尽管未来会发现他们对于敞篷车的购买有些冲动，尤其是在雨天和雪天的时候（Busse et al.，2015）。在对于娱乐产品的选择上，消费者同样受到气象因素的影响，有研究发现，消费者在做观影计划安排的时候，未来天气预报和现在的天气情况会影响消费者对于电影票的购买选择（Buchheim & Kolaska，2016）。

3. 气象因素影响风险感知

以往的研究表明，天气对于人们的股票交易具有一定影响，主要是基于情绪—致性效果[①]的影响机理，晴天和雨天导致的情绪差异会影响股票交易者的理性判断和选择，从而影响股票收益，阴雨天气会给股票市场交易者带来抑郁消沉的情绪，从而造成股票收益率下降。还有研究者通过对纳斯达克股票的交易情况的研究发现，在遭受暴风雪袭击的城市中，所在城市的股票交易公司的交易量会大幅下降（Saunders，1993；Loughran，2004）。因此，可以说，气象因素影响了人们对于未来风险的感知和预判，尤其是体现在对金融产品和货币

---

① 情绪一致性效果即心情不好的人倾向于发现消极的事物，而好心情的人更容易发现积极的事物（Isen et al. 1978；Forgas&Bower 1987）。

支出上的风险判断（Trombley，1997；Hirshleifer & Shumway，2003；Goetzmann & Zhu，2005）。

综上分析，笔者从气象营销新理论中提炼出：用户在游戏过程中身处的外部气象环境（空气质量、天气情况）是影响消费行为的不可忽视的因素，这些为本书研究模型的建构提供了参考依据。

四、其他研究视角

对于影响手机游戏用户消费行为的研究，一些学者从消费者的理性行为和技术接受角度、用户的体验、在游戏中的社交互惠等研究视角进行揭示（Davis，1989；Hong et al.，2006；Park et al.，2011；Wei et al.，2014；Choi et al.，2004；Nandwani et al.，2011），这些研究角度更多注重手机游戏用户在游戏中的环节和经历感受，关注游戏内容、环节设置等相关的因素；还有学者从游戏流行性、用户游玩时的时间是否是节假日、网络外部性等研究角度进行揭示（Carare，2012；Tian et al.，2018；Barkhuus et al.，2005）。

（一）消费者的理性行为和技术接受角度

随着移动服务变得越来越流行，人们几乎可以在任何地方使用智能媒体，消费者为何采用某种移动网络产品成为学者们关注的焦点。

理性行为理论（Theory of Reasoned Action，简称 TRA）和技术接受模型（Technology Acceptance Model，简称 TAM）主要用来解释用户采用技术的意图。它们是两个较为流行的理论模型。理性行为理论的主要目的就是预测和理解行为的产生原因（Ajzen & Fishbein，1980）。该理论源于社会心理学，该模型假设一个人的行为意图是其行为的直接决定因素。其中，行为意向、态度和主观规范是三个主要结构。行为意向是指一个人决定是否使用信息系统；态度是指一个人对使用信息系统的态度；主观规范是指对个人施加的使用或不使用信息系统的社会压力。这个理论已经被应用于研究许多信息技术的应用，同样也适用于研究手机网络游戏的消费者使用意图。然而，TRA 也有它的局限性，比如，没有明确定义在哪些情况下会影响用户的态度。

另一个流行的理论是技术接受模型。该理论是为预测最终用户对信息技术是否接受而开发的（Davis，1989）。TAM 起源于 TRA，有两个主要原则：感知有用性（PU）和感知易用性（EOU）。TAM 与其他模型的集成在以前的信息系统研究中被发现更有解释力和适用性。

Hong 等（2006）通过聚焦技术接受模型对移动用户的持续使用行为进行分析，研究探讨了 IT 领域的期望—确认模型（ECM－IT），技术接受模型以及集成 TAM 和 ECM－IT（扩展 ECM－IT）的混合模型对实现消费者持续 IT 使用行为的实用性。研究者针对 1826 名手机用户调查，得出结论：技术接受模型是最简约和通用的模型。而 Kargin 等（2007）研究哪些因素影响消费者接受和使用移动互联网服务，他们认为，消费者对技术和服务的选择是出于理性，其中，运营商的增值服务（VAS）对消费者的使用模式产生巨大影响，并成为运营商的重要差异化因素。研究者们通过对增值服务的调查，尤其是信息和基于位置的服务，来阐明移动服务采用的过程，研究表明，产品的易用性和有用性被视为移动服务使用中最重要的因素。这些因素与"服务"和"社交"有关。虽然内容和移动性是服务方面的主导因素，但社会影响力是一种社会方面的因素，比用户特征更为重要，不容忽视。

Liang 等（2011）以手机游戏为例，研究了在任务和消费场所定义的不同使用环境中消费者的持续使用行为。研究者以技术接受模型为基础，通过在线调查，结果表明，消费者的理性行为对玩手机游戏的意图具有显著的调节作用，用户的多样化生活方式对使用移动服务也有不同的影响。因此，玩移动游戏的持续意图主要取决于使用者的态度和玩游戏的意愿（主观标准）。由于主观规范意义重大，TRA 模型可以更好地解释这种行为。然而，在有心理压力的情况下，使用者对游戏的态度成为主导因素，社会规范的影响就消失了，而使用者是否会玩游戏不受参考小组态度的影响。由此得出结论，TAM 模型可以更好地解释消费者行为的过程。

（二）消费者个人体验的角度

从个人体验的角度出发，学者们研究了网络游戏用户继续游玩某些在线游戏的原因以及探索哪些游戏设计特征与玩家在线游戏时长最密切相关。研究人员通过对在线网络游戏用户的行为分析，提出了一个理论模型，采用客户忠诚度、流体验（flow experience）、个人互动和社交互动的概念来解释为什么人们继续玩在线网络游戏。研究者通过大规模的调查以验证模型。结果表明，如果人们在玩游戏时拥有最佳的个人体验，他们将继续玩在线网络游戏。当玩家与系统进行有效的个人交互或者与连接到互联网的其他人进行愉快的社交互动，则可以获得游戏的最佳体验。通过提供适当的目标、操作的便利性和反馈的及时性可以促进个人互动；通过适当的沟通场所和工具可以促进社会互动；提出增加新功能可提升玩家在线游戏站点的登录时间（Choi et al. ，2004）。

消费者的流体验是影响用户忠诚度的最强因素。研究人员通过对移动社交网络服务（SNS）用户忠诚度的影响研究，揭示出信息质量和系统质量都会显著地影响用户的信任和流体验，进一步决定了他们的忠诚度，而流体验是用户忠诚度的最强决定因素。在消费者的付费行为上，流体验是他们持续购买的原因（Zhou et al. ，2010）。研究发现，流体验在网络成瘾中起到重要作用，研究人员指出，习惯消费是消费者重复购买的关键，然而，并非所有消费者都会产生这样的成瘾。研究人员使用网络游戏成瘾综合征作为追踪消费者成瘾可能原因的类比，使用结构方程模型进行分析，研究结果表明重复喜爱的活动对成瘾有一定的影响，这与理性成瘾理论的主张一致。而网络游戏用户的流体验则是对网络游戏成瘾和购买消费的强有力的解释（Chou et al. ，2003）。

（三）消费者社交互惠的角度

由于游戏中的社交互动以及与其他真实玩家的竞争，使得游戏产品更具有吸引力。在评估手机网络游戏用户付费的研究中，不能抛开游戏中的玩家的社交互惠。研究人员已意识到玩家间的互动对于游戏付费的促进作用，他们通过对多人在线游戏的研究，揭示出游戏玩家之间的互动是增强用户游玩黏性和激发用户持续游戏的重要影响因素，游戏中的社交互动提供了建立强大的友谊和情感关系的机会；研究人员指出虚拟游戏中的社交互动和玩家之间的互惠行为有利于增强游戏乐趣以及促进用户的消费；还有研究者通过对NFC游戏中玩家之间的交互活动的观察，发现游戏用户相互的社交活动创建了共享的社交体验，用户亲密的互动使他们在游戏中的感受更为良好，有利于用户的黏连（Korhonen et al.，2007；Cole et al.，2007；Nandwani et al.，2011）。

在最新的研究中，学者们发现，虽然社交因素已被证明对于一般游戏用户的保留至关重要，但对手机网络游戏中的用户保留和用户货币化消费的影响尚未得到探索。研究者通过一个有超过20万名玩家的案例来解释在免费增值休闲手机游戏中定义社交功能的问题，结果表明，社交活动与成为高级用户的趋势无关，但社交活动在一个群组中随着时间的推移而增加（Drachen et al.，2018）。

（四）游戏流行性的角度

游戏的流行性是影响手机游戏用户消费行为的外部影响因素（Oh et al.，2015）。消费者在手机应用市场或者网络官方渠道从应用商城下载一款手机游戏，消费者可以看到这款手机游戏的下载量，还可以从网络了解到该款游戏在市场上的流行情况和口碑评价，这对于手机游戏用户的下载和使用以及消费行为无形中产生一定的影响力。研究认为，一款游戏在市面上越流行越会吸引更多用户参与和体验该款游戏。移动应用的排名会影响消费者的需求和下载量，移动应用排名主要分为两类：销售排名和流行排名（Alexander，2003；Carare，2012）。

（五）节日和假期的角度

节假日人们的时间安排也和非节假日体现出差异性。在节日和假期，人们通常会进行运动或者旅游安排（Deknop，1990）。在节假日和非节假日里人们的消费模式和金额也会不同。研究显示，在节假日，消费者的网上购物金额相比工作日有明显的增加（Tian et al.，2018）。

（六）网络外部性的角度

网络外部性对于在线游戏的消费者选择具有重要的影响作用。研究人员通过对多人在线游戏的调查，发现用户在游戏过程中使用 WiFi 链接切换至数据流量后，受到网速等因素影响会遇到游戏任务界面卡顿的情况，网络链接对于游戏用户感知具有重要影响（Barkhuus et al.，2005）。研究人员探究影响消费者选择手机社交游戏的影响因素，发现网络外部性对于游戏用户在移动设备上选择游玩的意图具有重要影响（Wei et al.，2014）。

综上分析，笔者从中提炼出，用户在游戏过程中的系统适配性、网络情况、游戏涉入时长、社交、游戏在市场上的流行性、节日和假期等同样是影响消费行为的不可忽视的因素。

通过对手机游戏用户消费行为研究的理论基础和的相关研究进展的梳理，笔者将学者们的代表观点总结如下，提炼出的影响手机游戏用户消费行为的相关因素，如表 2 - 2 所示。

表 2-2　影响手机游戏用户消费行为的因素

理论基础	相关因素	主要参考来源
使用与满足理论	用户的社交互惠 用户所属组织和竞争环境 用户的技术服务适配性	Nandwani et al.（2011） Drachen et al.（2018） Korhonen et al.（2007） Liang et al.（2011） Kargin et al.（2007）
消费价值理论	用户的角色能力价值 用户的视觉权威价值	Yee（2006） Park et al.（2011）
气象营销新理论	空气质量 天气情况	Klimstra et al.（2011） Li et al.（2017）
其他研究视角	网络外部性 游戏涉入时长	Wei et al.（2014） Chou et al.（2003） Choi et al.（2004） Zhou et al.（2010）
本书（结合相关理论，在气象营销新理论基础上系统分析）	游戏流行性	Alexander（2003） Lu（2009）
	节日和假期	Oh et al.（2015） Tian et al.（2018）
	空气质量 天气 企业的营销策略	

第三节　空气质量、天气与
用户消费行为的研究综述

长期以来，气象数据一直被认为是营销战略中的重要外部数据输入，然而，关于空气质量和天气状况如何影响消费者行为的学术研究却很有限。本节主要回顾空气质量、天气情况与消费行为（用户付费行为、用户社交行为）的研究进展，笔者对相关文献进行梳理，前人对于空气质量以及天气情况的研究对于本书具有一定的启发性，为后文的研究模型建构提供思路和基础。

一、空气质量与用户消费行为研究综述

（一）空气质量对人的影响

第一，空气污染严重影响人类的身体健康。学者们发现，空气质量和个体循环系统、心血管系统等人类生理变化紧密相关。研究显示，空气污染是神经炎症和活性氧（ROS）的长期来源，它会导致人体的神经疾病和中枢神经系统疾病，其中，中风发病率、阿尔茨海默氏症和帕金森氏病的病理与空气污染有关；同时空气污染还会导致人的肺部和心血管疾病的发生（Block et al.，2010）。研究发现，空气污染容易引发人类呼吸道疾病，同时会让人承受更大的社会压力，甚至危害人类的心理健康（Clougherty et al.，2009）。

第二，空气污染不只是影响人的身体健康，还会改变人的大脑结构进而损害人的认知能力。Chen 等（2015）在研究中指出，高浓度的 PM2.5 会使得人类的脑结构发生变化，包括导致人体蛋白质的流失。Wilker 等（2015）在研究中通过使用磁共振成像（MRI）检查了住宅长期暴露于环境空气污染与脑老化

标志物之间的关系，研究发现，长期暴露于环境空气污染与脑血管疾病和认知障碍有关，对人的认知能力造成伤害。

第三，空气污染不但影响人的身体健康和认知能力，还会影响人的情绪和心情，甚至负向影响人们的生活满意度和主观幸福感。空气污染对于人的心情和情绪的影响主要表现在增加个人心理压力以及抑郁情绪（Jacobs et al.，1984；Sass et al.，2017），甚至会造成犯罪率提升（Rotton&Frey，1985）。Zhang 等（2017）的研究发现，霾污染不仅会影响身体健康，也会使人产生负面情绪，甚至导致心理抑郁。他们的研究结果显示，空气污染降低了人们的愉悦程度，增加了抑郁倾向的发生概率。空气质量的恶化或许可以解释中国2007—2014 年居民幸福感下降了 22.5%，该现象也被称为"幸福悖论（伊斯特林悖论）"，即环境恶化很大程度上抵消了人们收入增加所带来的幸福感。

第四，空气污染同样影响人们的户外活动。由于空气污染使得人们户外活动减少，与他人的联系自然减少，进而导致人的社交行为发生变化，甚至会产生社会孤立心理（Biegel et al.，1985；George et al.，1989；Goodwin，2003；Sugiyama et al.，2008；Bratman et al.，2015）。

第五，空气污染对人的生产力和工作效率会产生负面的影响。空气污染耗尽了员工的自我控制资源，这种枯竭反过来会对员工行为产生影响，从而导致组织公民行为下降和反生产工作行为增加（Zivin，2012）。学者们发现，空气污染无论是对室内还是室外的个人效率和生产力都会产生影响。研究人员使用德国职业足球运动员在 1999 年至 2011 年期间的面板数据估计环境空气污染对个人生产力的因果影响，研究结果揭示了空气污染对球员进球数有显著的负向影响；还有研究者检验了室外空气污染对包装厂室内工人生产率的影响，结果显示，随着细颗粒物（PM2.5）（一种易于渗入室内的污染物）的增加会导致工人生产力的显著降低，可见，室外污染对室内工人生产力同样有着不可忽视的影响（Lichter et al.，2017；Chang et al.，2016）。

（二）空气质量对付费行为的影响

空气污染不但影响人们的健康、生活和工作，对于人们的消费和投资行为也会产生影响。

首先，研究人员发现空气质量的变化影响人们对于节能产品的选择和健康产品的选购（Li et al. , 2017；Sun et al. , 2017）。研究人员们通过收集合并了几个独特的数据集，以研究空气污染对中国消费者乘用车选择的影响，结果显示，空气污染会降低人们购买高排放车（高排放的车对环境的污染更高）的选择（Li et al. , 2017）；还有研究人员使用了互联网购买数据集进行分析，研究发现，在空气质量变差的情况下，消费者对于诸如便携式室内空气过滤器的购买会显著地增加，消费者通过购买健康产品以期抵消污染对身体健康影响的风险。当环境污染水平超过关键警报阈值时，家庭在面罩和空气过滤器产品上花销会更多（Sun et al. , 2017）。

其次，空气污染甚至还会影响消费者的投资行为（Levi et al. , 2011；Lepori et al. , 2016）。研究人员使用空气质量指数的数据和美国四个证券交易所的股票收益来验证空气污染与股票收益之间的关系，结果显示，空气污染与股票收益呈负相关，随着证券交易所与污染区域的距离增加，这种关系变得越来越弱，研究结果还揭示了空气污染甚至可能导致当地贸易商投资远离污染区域的证券交易所的交易行为；另一方面，空气污染对人的生理结构和情感也具有影响，研究者通过调查当地空气污染与当地股权回报之间的关系是否由交易大厅的环境所调节，将意大利主要证券交易所从依赖于大厅场所的人工服务向电子化技术系统的转变作为一个自然实验，利用主要国际证券交易所样本的交易技术差异，在这两种情况下，研究者记录在场内进行交易时是否存在空气污染的影响，研究证明了空气污染对于消费者的股票市场预期和股票回报预期具有负向影响，这其中消费者情绪起到中介作用（Lepori et al. , 2016）。

概而言之，通过归纳，笔者发现，空气污染的影响可分为可觉察和统计的显性影响以及潜移默化的隐性影响（如图 2 - 3 所示）。显性影响即空气污染使得个人能力变差，工作效率降低。隐性影响使得个人的认知功能变差、心理压力增加、产生抑郁情绪和心理、生活满意度下降和社交冷漠。

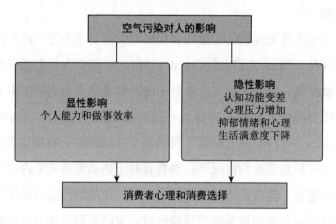

图 2 - 3 空气污染对人的影响

（三）空气质量对社交行为的影响

可以说，空气污染正在悄无声息地影响着人们的社交行为。社交行为包括哪些呢？心理学家 Homans（1974）在研究中指出，人的社交行为离不开群体组织，具体来说，社交行为的三大因素分别是：人的任务活动、人和人的相互作用以及人的情感活动。人的任务活动因素可以理解为，人所从事的工作和参与的任务，这种任务活动多属于容易被他人观察到的显性的表现，比如日常的工作、任务、学习，等等，也是组织机构衡量个人的生产力和工作效率的表现。人和人的相互作用因素可以理解为，人与人之间的包括语言或者非语言的沟通与接触交流，包括对社会和他人的活动进行判断和表现，调整自己在与他人以及社会中扮演的关系和表现，也表现在人们在完成工作和任务的过程中，人与人之间的行为影响。人的情感活动因素可以理解为，人与人之间以及人与群体之间、个人与活动之间的情感反应，这种因素一般不容易被他人所观察到，属于内隐的隐性因素，比如日常的工作中个人内心对于他人的评价和看法，属于个人内心世界和情绪的表达，情感的表现也会影响到人们在组织中的表现和交往关系。笔者归纳了空气质量与人的社交行为的关系，通过社交行为的这三个因素进行梳理。

1. 空气质量和人的任务活动

第一，空气污染导致人们工作时间的减少（Ostro，1983）。研究者在针对空气污染对工作损失和发病率的影响研究中发现，当空气中的总悬浮颗粒物每增加 $1\mu g /m^3$ 单位时，工人的劳动时间就会下降 0.00145 天。得出类似结论的还有 Hausma 等（1984）的研究，学者们在研究中指出，空气污染会降低人们的劳动时间，当总悬浮颗粒物增加一个标准差时，工人的劳动时间就会相应减少 10%。

第二，空气污染除了减少人们的劳动时间，还会影响人的精神集中度和操作效率（Heyes et al.，2016）。研究人员提供了详细的经验证据，证明空气污染对纽约证券交易所的有效运作有直接影响，他们将曼哈顿细颗粒物（PM2.5）的短期变化与标准普尔 500 指数的变动联系起来，结果发现，在首选规范中，环境 PM2.5 的一个标准偏差增加使当天的回报减少了 11.9%，研究人员由此揭示了空气污染指数的升高会影响到投资者的精神集中度以及证券交易人员的操作效率。

前人的研究还使用了工人们产出的微观数据来证明空气污染对于劳动时间和劳动生产率的影响，研究人员控制了个体的异质性，进一步地验证了空气污染对劳动时间和完成效率的边际影响。Lichter 等（2017）使用德国职业足球运动员在 1999 年至 2011 年期间的面板数据估计环境空气污染对个人生产力的因果影响，研究结果揭示了空气污染对球员进球数有显著的负向影响。Zivin 等（2011）的研究发现空气质量指数的提升（空气质量变得良好）会使在户外工作的农业劳动者生产力提高 4.2%，同时对于劳动时间的提升也有显著的正向作用。Chang 等（2016）研究了室外空气污染对梨包装厂室内工人生产率的影响，研究发现，细颗粒物（PM2.5）的增加同样会导致工人生产力显著降低，研究揭示了 PM2.5 除了对户外劳动者的工作效率有影响外，对室内工人的劳动生产率也同样有着显著的影响。

究其影响机理，科学家们基于人类的神经系统、能量代谢和注意力等方面给出了答案。研究人员在空气污染对于人的神经系统的不利影响中指出，短期暴露在 PM2.5 环境下，会导致人体生理结构发生变化，恶性影响人的小胶质细胞活化，引发人的脑血管功能障碍并影响中枢神经系统的正常运转；还有研究者从人的脑循环和能量代谢角度研究，指出人体的大脑所消耗的氧气会占据机体消耗氧气的很大部分，任何血液供应的变化都会影响人的大脑反应进而影响人的绩效表现；还有学者在空气污染对人类健康影响的研究中发现，PM2.5 的影响可以直接进入人的大脑，PM2.5 对人的危害还体现在记忆障碍、身体疲劳、注意力不集中和判断力下降，这些对人身体和机能的不利影响会间接地表现在对工作效率和任务完成效率的损害（Genc et al.，2012；Clarke et al.，1999；Kampa et al.，2008）

2. 空气质量和人与人之间的影响

第一，空气质量的变化和人的社会行为息息相关，具体体现在变化的环境与人的社会行为的关联上。研究人员基于隐私、个人空间、领土和拥挤的研究角度，揭示出由于空气污染使人们的居住环境变差，人们更多行为会因为环境的改变而变化（Altman，1975）。还有研究者基于移民、经济机会和生活质量的研究视角，通过分析 1960—1968 年期间经济机会以及生活质量（包括环境因素）对净移民的影响，研究发现，良好的空气质量、温暖的天气、较低的犯罪率和更多的医疗服务都吸引了移民，研究人员指出，较高水平的空气污染会影响居住人口的稳定性，人们会倾向于迁移到更好的环境中，当代美国的移民问题可以被诸如空气污染、犯罪率或气候等外部环境因素来解释（Cebula et al.，1973）。较容易观察和理解的是，空气污染影响个人的户外活动，Peters 等（2005）在空气污染、个人活动和心肌梗塞发作的案例研究中指出，在空气污染的环境下，人们明显地减少了户外活动。

第二，空气质量和人的亲社会行为也密切相关。学者们提出了环境健康和构建良好社区关系的重要性。研究人员通过使用具有全国代表性的美国样本的数据估计潜在群体模型，结果显示空气质量关联着人们的个人与家庭、个人和邻居、同事的亲社会行为和利他行为，尤其是人们在社区中的行为表现；还有学者在关于持续暴露于空气污染对中国淮河地区预期人口寿命的影响研究中发现，空气污染使人的寿命降低的同时，也会引发一系列的社会问题，诸如人们的亲社会行为变少；近阶段的研究也纷纷揭示了空气污染对于邻里关系构建的负面影响，污染的空气不利于人的关系建构和亲社会行为（Srinivasan，2012；Videras，2012；Chen，2013；Hajat et al.，2013）。

3. 空气质量和人的情感活动

第一，空气质量和人的压力变化以及情感活动紧密相连（Evans et al.，1984）。20 世纪 80 年代初期，学者们开始关注空气污染对人类情感和行为的影响。虽然人类行为对空气污染的影响相当大，但当时很少有研究人员揭示这种关系，关于空气污染对人类行为的影响的研究也很少。Evans 等（1981）提出一个组织结构，讨论了空气污染对人类情感反应的影响，包括人的认知、情感以及情感之外成分的研究。此外，学者还详细讨论了污染物的可控性和适应性。研究人员还通过实验以及访谈法研究空气污染的影响，揭示了空气污染导致了人的身体和大脑健康的变化可以通过多种方式来影响人的决策行为。间接地，健康可以通过改变身体资源的配置影响人的情感状态和决策结果。更为深层的影响是，研究人员通过访谈 203 名美国成人。发现空气污染降低了人们社交的欲望，甚至让人产生社交冷漠的心态（Grossman，1972；Broadhead et al.，1983）。

第二，空气污染导致人的情绪更为敏感。Brandstatter（1988）通过时间抽样日记的方式，每天记录 14 名男性和 12 名女性在 40 天的时间内的几次情绪情况。在研究中，每个被试者对空气污染和天气变化的敏感性已经通过计算他／她的时间序列的情绪评分对应空气污染和天气指标，进行时间序列的多元回归（自回归模型），从而评估包括 SO_2、灰尘、温度、蒸汽压力、能见度、云量、风速、降水、气压的影响，研究结论显示，对空气污染、温度、蒸汽压力、风速、降水和气压的人的敏感性部分是相互作用的，空气污染的影响主要表现在对人的情绪稳定性和外向性方面。Chow 等（2006）的研究指出其原因，空气污染更直接影响人的健康，当人健康受损，继而疾病引起的身体不适会直接影响一个人的情绪和认知。由于人的呼吸功能受损因而认知就受到影响，其原因在于空气污染导致的人体血流和循环系统的变化。

第三，空气污染会导致人的焦虑和抑郁情绪。王立鑫等（2006）研究了空气污染与大学生焦虑和抑郁情绪的关系，研究采用焦虑自评量表和抑郁自评量表对北京市某高校大学生进行焦虑和抑郁情绪的问卷调查，并记录测试期间大气污染物的浓度及空气质量指数（AQI）以及室外温度，研究结果表明，大学生焦虑的情绪和抑郁检出率分别为 61.3% 和 23.3%。污染物周质量－体积浓度的平均值、中值和最大值对焦虑和抑郁检出率影响均无统计学意义（P 值均大于 0.05），而调查当日 PM2.5 浓度与学生的焦虑情绪检出率呈正相关。研究还揭示了，尽管空气污染对户外工作者智力的影响超过室内工作者，但不止一项研究发现，颗粒最小、最有害的空气污染物可以（而且确实会）进入建筑物，因此，只是躲在室内并不能让我们摆脱有害影响。Zhang 等（2017）在研究中也指出，肮脏的空气会影响人类的心理健康和主观幸福感。

概括来说，空气污染对人的心理健康产生的影响，有两个主要理论：其一，空气污染可能在大脑中产生炎症反应（神经炎症假说）；其二，暴露于空气污染可能有助于"打开"某些与精神疾病有关的基因（基因—环境相互作用假说），人们因此也受到空气污染感知下的心理影响。总之，空气污染对人的心理感知、社交活动具有不可忽视的影响。

二、天气与用户消费行为研究综述

（一）天气对人的影响

天气会影响人们的情绪。Denissen 等（2008）的研究考察了 6 个天气参数（温度、风力、阳光、降水、气压、光周期）对人们情绪的影响（正面影响、负面影响、疲劳）。数据来自一个在线日记研究与气象站信息相连的数据库，研究人员通过多层回归进行分析，结果显示了温度、风力和阳光对情绪的负面影响。阳光对疲劳有主要影响并在降水和气压对疲劳的影响中具有中介效应。心理学和直觉预测表明阳光明媚与乐观情绪有关。心情好时，人们对未来前景更加趋于乐观评估（Hirshleifer & Shumway，2003）。阳光导致人的生理结构和状态发生变化进而引发心情和情绪的改变，晴天有利于消费者产生愉悦的情绪，相反，人们在下雨的天气情况下会产生消极的感觉。以往学者们的研究也表明，暴露在雨中会让人感到湿漉漉、不舒服，而且情绪很糟糕（Klimstra et al.，2011；Conlin et al.，2007；Zwebner et al.，2014）。

（二）天气对付费行为的影响

临床和心理实验结果表明，天气对人的行为具有显著影响（Chen et al.，2015；Wilker et al.，2015）。研究表明，天气对于人们的股票交易具有一定影响，晴天和雨天导致的情绪差异会影响股票交易者的理性判断和选择，从而影响股票收益（Saunders，1993），阴雨天会给股票市场交易者带来抑郁消沉的情绪，从而造成股票收益率下降，这正是情绪一致性效果的体现。Loughran 等（2004）在研究中使用几种方法记录了纳斯达克股票的交易情况，研究显示，在遭受暴风雪袭击的城市中，所在城市的股票交易公司的交易量会大幅下降。Cunningham（1979）在餐厅进行了天气情况对消费者付费情况的实验，研究者发现，晴天有助于消费者产生愉悦的情绪，增加给服务员小费的金额。

一方面，天气会影响人们的日常购物模式和购买行为。Parsons（2001）的研究考察了日常天气情况和人们日常购物模式之间的关系。研究中的天气结构使用了国家水和大气研究所的数据，而购物数据则是使用一个主要购物中心的购物者计数，研究者运用多元回归分析进行验证，研究结果表明，最实际的天气变量（降雨量和温度）为消费者的购物决策提供了线索。当降雨量增加的时候，购物中心的人流量就会显著地减少。Busse 等（2015）的研究发现，阳光照射使大脑产生更多的血清素，从而改善了人的情绪，类似"日光疗法"。同样，由于正面投射偏差，消费者在晴朗的天气下购买敞篷车的概率会增加。Tian 等（2018）的研究检验了天气参数（包括阳光、温度）对于消费者购物的影响，研究使用公共天气数据和五种典型零售产品的超市面板数据来预测消费者的购买品种。Craig 等（2018）的研究探讨了 1990 年至 2015 年期间六个独特气候区内多个户外旅游地点的降水和温度变化对旅游地点的日常销售的影响，研究揭示了气候变化和天气情况对旅游景点销量的影响。天气的变化会影响消费者在零售实体店中的行为。研究者们发现，餐厅中的室内照明如果可以接近日光的效果将有助于降低消费者的负面情绪，从而有利于提升餐厅的销售量（Kyle et al.，2010）。Zwebner 等（2013）的研究发现，阳光充足有助于促进购物者的在线购买行为。概而言之，这些研究结果表明，天气条件与消费者寻求更多种类的行为有关。

另一方面，天气会影响广告的营销效果。Li 等（2017）的研究分析超过600 万用户的基于天气的移动促销的现场实验数据，检验不同天气条件下广告语调产生的不同营销效果。研究结果表明，晴天和阴雨天气具有一阶主效应。相对于多云天气，在阳光充足的天气条件下，消费者对促销的响应度更高且响应速度更快，而在雨天的响应度更低且速度更慢。此外，阳光和阴雨天气具有交互效应。不同的天气条件（晴、雨和多云），广告语调的不同，短期和长期营销效果也存在差异，如果当日天气比昨天更好（或者比天气预报的更好），则广告带来的购买率也会明显增加。

通过对学者们的研究进行归纳总结，简言之，天气因素影响消费者的情绪状态，当消费者情绪发生变化，消费者的消费路线以及产品选择、助人行为甚至对于广告营销效果的评判和反应都会发生变化（如图 2 – 4 所示）。

图 2 – 4　天气对消费者行为的影响

（三）天气对社交行为的影响

1. 天气情况和人的任务活动

天气对于人们参与的任务活动具有影响。Repetti（1989）的研究表明，人们因为工作量的负荷而产生负面情绪，天气情况就是其中的影响因素之一。根据美国联邦航空管理局（FAA）的统计数据显示，天气情况造成了国家空域系统（NAS）大约70%的延误，虽然在2001年9月11日之后天气延迟随着整体NAS延误而下降，但延迟已经恢复到接近历史最高水平。此外，极端天气是造成许多航空事故中人员误操作和其他事故的重要原因。天气影响预估会造成国家30亿美元的事故损失和伤害，使得延误和意外运营成本增加。Thomas 等（1999）的研究发现，天气对结构钢安装工程中工人工作效率的影响是非常明显的，尤其是积雪和低温天气会导致工人的生产力显著下降。

2. 天气情况和人与人之间的影响

天气情况对于人们的消费情绪会产生影响。研究人员在餐厅进行了晴天/阴天对消费者付费影响的实验，研究发现，晴天有助于消费者产生愉悦的情绪，给予服务员的小费金额也会增加。当天气晴朗、阳光普照大地的时候，人们会更乐于帮助他人，阳光与助人行为的正相关性不能归因于温度，无论是夏季还是冬季，阳光都是主要的影响变量（Cunningham，1979）。

此外，天气要素所产生的生理体验会与个体之间的心理状态产生较强联系，即形成具身认知（Embodied Cognition）。因为个体通过心理生理情绪等回应天气要素的变化，而这些天气要素所引发的联想、联觉和情绪也造成个体对不同天气要素状态的不同信息、概念和体验进行配对。例如，较长的日照时长能有效降低个体的消极情绪（Hirshleifer，2005）。

3. 天气情况和人的情感活动

早期的研究发现，暴露在阳光下可以使人的大脑产生更多的血清素，从而改善情绪，类似"日光疗法"（Schwarz& Clore，1983）。因为拥有良好的心情，消费者就会更积极地评价消费服务、投资预期以及生活满意度。现存文献不仅将阳光与积极的情绪联系起来，也将阴雨天气与负面的情绪相关联。研究人员通过不同天气下的影响分析，发现极端天气会引发人们更多的抑郁症状和焦虑等负面情绪，具体表现在雨天时的紧张、压力和恐惧。此外，研究人员还记录了天气应用程序的用户在多雨和恶劣天气诸如风暴和飓风时，情绪会特别糟糕；相比之下，在阳光灿烂的日子里，人们的情绪会更好（Hsiang，2013；Rosman，2013）。

人们的情感体验与天气变化有密切的关系。研究人员使用经验抽样方法检验了情感体验与天气变量之间的关系，从当地气象站获得同一时期的每小时天气数据（温度、相对湿度、气压强度），通过记录两个年龄组的参与者（学生和老年人）在每天 7 个随机确定的场合下连续 14 天的情绪变化，多元回归分析结果表明，人们的正面情绪和负面情绪影响的瞬时评级与温度呈弱相关关系，人们的正面情绪影响与日照有关（Koot et al.，2011）。

阳光明媚的天气与乐观的情绪相关。研究人员对来自荷兰不同部门的个人进行了 40 次深度访谈，以确定极端天气下人们的体验，结果表明，人们的体验与极端天气关注程度之间具有关联性；还有研究人员通过心理实验揭示和预测阳光明媚的天气与乐观的情绪有关，他们考察了一个国家知名的证券交易所的早晨阳光与 1982 年至 1997 年间 26 个国家的每日市场指数回报之间的关系，研究发现，阳光与股票收益率密切相关，对于交易成本非常低的交易者来说，大量使用基于天气的策略是最佳选择（Mellers et al.，2011；Hirshleifer et al.，2003）。

综上所述，通过梳理和归纳学者们对于空气质量、天气情况和人们付费以及社交行为的研究，笔者发现，空气质量和天气对于人们的工作状态、情绪和心理都具有重要的影响力，代表性文献见表 2 - 3 和表 2 - 4。

表 2 - 3　空气质量、天气与消费行为研究代表文献

代表文献	主题及创新点	研究对象	研究方法	研究结论
Michael et al. 1979	天气情况影响人的助人行为	1975 年 540 个美国成人	实验	晴朗和阳光充足的时候人们更加倾向于帮助他人
Broadhead et al. 1983	空气质量与人的社交行为	美国 203 名成人	访谈法	空气污染降低了人们社交的欲望，甚至产生社交冷漠心态
Saunders 1993	天气情况影响股票交易者情绪	1962—1989 年纽交所 9000 多样本	二手数据	晴天和雨天的产生的情绪差异会影响股票交易者的理性判断
Parsons 2001	天气影响消费者的购物模式	1995—1996 年新西兰 172 个样本	问卷	降雨量增加的时候，购物中心的人流量会显著减少
Block et al. 2009	PM2.5 对生物体神经系统的影响	以狗和人体作为实验对象	生物实验	PM2.5 成分到达大脑，影响人的肺部和心血管系统，还会影响中枢神经系统的健康

（续表）

代表文献	主题及创新点	研究对象	研究方法	研究结论
Simon et al. 2010	空气污染影响人的生活满意度	1979—1994 年137 个样本	问卷	空气污染对生活满意度有显著的和强烈的负面影响
Ailshire et al. 2017	空气污染伤害老人的认知功能	779 名美国 55 岁以上的老人	问卷	空气污染影响老年人认知功能，人的心理和社会压力是决定环境危害程度的重要因素
Sass et al. 2017	PM2.5 与个人心理压力的关系	1999—2011 年美国9000 个家庭超过2.4 万人	问卷	PM2.5 与人的心理压力增加有显著的正相关性
张欣等 2017	空气污染与个人主观幸福感	中国 2010 年、2012年、2014 年三年家庭追踪调查数据	问卷	空气污染会使人产生负面情绪，导致心理抑郁
Lichter et al. 2017	空气质量与个人工作效率	德甲联赛 42 场比赛的球员数据	问卷	空气污染降低了球员的比赛进球数和运动效率
李晨溪等 2017	天气与移动广告营销效果相关	中国 344 个城市600 多万 App 用户	App 数据	不同的天气条件，适合采用不同的广告营销语调
本书	空气质量和天气对手机游戏用户的影响	中国游戏公司海量游戏用户	大数据	空气污染和天气情况影响手机游戏用户的付费行为和社交行为

注：笔者根据相关文献整理所得。

48

表 2-4　空气质量、天气与社交行为研究代表文献

代表文献	主题及创新点	数据来源	研究方法	研究结论
Cebula et al. 1973	空气质量和人的相互作用	1960—1968 年美国移民数据	二手数据	较高水平的空气污染会影响居住人口的稳定性，空气质量是美国移民的影响因素之一
Cunningham 1979	天气情况和人的相互作用	餐厅的消费者实验数据	实验	天气晴朗的时候，消费者会给更多小费，也更乐于帮助他人
Ostro 1983	空气质量和人的任务活动	美国国家卫生统计中心数据	二手数据	当空气中的总悬浮颗粒物每增加 $1\mu g/m^3$ 单位时，工人的劳动时间就会下降 0.00145 天
Brandstatter et al. 1988	空气质量和人的情感活动	每天记录 14 名男性和 12 名女性在 40 天的时间内的几次情绪情况	实验	空气污染的影响主要表现在对人的情绪稳定性和外向性方面
Hirshleifer et al. 2003	天气情况和人的情感活动	证券交易所交易数据	实验	阳光明媚的天气与乐观的情绪有关，与股票收益率密切相关
Kulesa 2003	天气情况和人的相互作用	美国联邦航空管理局（FAA）的统计数据	二手数据	极端天气是造成许多航空事故中人员误操作和其他事故的重要原因

（续表）

代表文献	主题及创新点	数据来源	研究方法	研究结论
Koot et al. 2011	天气情况和人的情感活动	（学生和老年人）在每天 7 个随机确定的场合连续 14 天记录他们的情绪变化	实验	人们的正面情绪和日照程度有关
Mellers et al. 2011	天气情况和人的情感活动	以荷兰不同部门的个人为对象的 40 次深入访谈	访谈	人们的体验与极端天气关注程度之间具有关联性
Chen 2013	空气质量和人的相互作用	中国淮河流域人口生活质量数据	自然实验	空气污染使人的寿命降低的同时，也会引发一系列的社会问题，人们的亲社会行为变少
Lichter et al. 2017	空气质量和人的任务活动	德甲联赛 42 场比赛的球员表现	二手数据	空气污染降低了球员的比赛进球数和运动效率
王立鑫等 2017	空气质量和人的情感活动	北京市某高校大学生自评数据	问卷	空气污染会导致人的焦虑和抑郁情绪
本书	空气质量和天气对手机游戏用户影响	中国游戏公司海量游戏用户	大数据	空气污染和天气情况影响手机游戏用户的付费行为和社交行为

注：笔者根据相关文献整理所得。

第四节 企业对网络游戏的营销策略研究综述

回溯过往，可以发现，学者们对于网络游戏营销策略的研究主要聚焦于产品改良和促销方面。游戏产品方面（游戏本身内容和网络外部性），企业通过游戏界面、内容、画音等内容设计的改良和不断完善（Ha et al.，2007；Park，2013），旨在增强用户的体验，网络的接入点、服务器设置等对于游戏用户是否购买和消费也具有显著影响（Liu et al.，2015）。

促销方面，研究主要聚焦于企业应提升用户成就感和动机，提供和设计更多有效的激励措施。一方面，网络游戏用户的成就感获得（Iverse，2005；Yee，2006；Wan & Chiou，2006；Consalvo，2008）间接地提升了玩家自尊心和成就感，进而促进用户对于游戏的参与和消费。另一方面，游戏消费者的沉浸体验越强，专注度越高，则游戏涉入度越强，进而促进游戏用户深度参与游戏和增强消费行为（Griffiths & Dancaster，1995；Hsu & Lu，2004；Wan & Chiou，2006）。再者，游戏用户的社交动机是增强消费黏性的重要路径（Kraut，1998；Anderson，2001；Chuen et al.，2006），企业应当为消费者提供交流互动的有效平台。Mulligan 等（2003）的研究站在游戏开发者的视角，提出了在线网络游戏公司如何更好地开发、设计和管理网络游戏产品。

归纳起来，以往学者们关于网络游戏营销的研究主要基于以下视角。

一、价值共创

近些年，网络游戏产业已成为全球娱乐经济的重要组成部分。相比诸如电影和音乐等更成熟的娱乐产业，营销学者们通过案例研究发现，在视频游戏环境中，游戏公司要注重公司和消费者创造价值的过程。Marchand 等（2013）

的研究阐述了视频游戏环境中创造价值的重要性。他们通过视频游戏开发了价值创造的概念框架，提出从游戏平台、游戏产品内容和网络互动等方面重视游戏用户的价值共创。Guo 等（2012）的研究揭示了虚拟世界的成功不仅依赖于吸引玩家的初步接受，更重要的是，还需要留住现有的玩家并刺激玩家在虚拟世界中进行活动。虚拟世界中玩家购买虚拟物品的行为意味着玩家的持续参与，用户的活跃度越高，就越有助于虚拟产品的成功。

二、增强用户流体验

Lee（2009）通过对 458 名游戏被试的研究，检验游戏中用户的流体验、用户的感知享受和互动是否会影响人们玩网络游戏的行为意图，以及性别、年龄和先前经验是否对在线游戏的选择有调节作用。研究发现流体验是影响客户接受在线游戏的感知享受的一个更重要的因素。研究表明，游戏开发者应该考虑更多地关注在他们的营销策略中建立玩家（社交互动）和在线游戏（人机交互）之间的互动，建议在线游戏开发者提供有助于增强玩家流体验的产品策略。

三、有效的奖励

Yee（2006）基于使用与满足理论，分析了网络游戏中玩家的使用动机，采用因子分析方法来创建玩家动机的经验模型。将动机经验分为三个组成部分（成就感、社交和有效的奖励）。Wan 等（2006）以流动理论和人文需求理论探讨了中国台湾地区青少年网络游戏中的心理动机。研究发现，游戏用户在游戏中获得的成就感和得到的奖励是他们继续游戏的主要因素。

四、促进玩家互动

手机移动网络的便捷性使得人们越来越方便地在多种场合下玩游戏，以往的研究从游戏产品设置新功能的角度来促进游戏玩家在线游玩时间的延长和登录次数的增加。然而，很少有研究去调查为什么人们下载了游戏后，会持续玩某个游戏或者哪些设计特征与玩家在特定在线游戏网站上花费的时间最为密切相关。

Choi 等（2004）的研究提出了一个理论模型，以用户忠诚度、流体验、个人互动和社交互动的概念来解释为什么人们继续玩某个在线网络游戏。研究进行了大规模的调查，结果表明，当人们在玩游戏时拥有最佳体验，他对于游戏产品的忠诚度会提升。如果游戏玩家与游戏系统进行有效的个人交互或者与连接到互联网的其他人进行愉快的社交互动，则可以获得这种最佳体验。游戏公司可以通过提供适当的系统沟通平台和及时的反馈方式，促进个人互动，还可以通过适当的沟通场所和工具促进游戏与玩家的社会互动。Rezaer 等（2014）的研究考察了虚拟环境中价值和行为意图方面的影响。为了验证情绪价值、社会价值、货币价值、质量价值和游戏支付意愿的影响，研究人员通过马来西亚网吧客户 228 份有效问卷的调查，使用偏最小二乘（PLS）分析和结构方程建模（SEM）来评估。研究结果表明，货币价值与支付意愿、社会价值和支付意愿之间存在正相关关系。

从企业角度来看，越来越多的游戏公司意识到提升用户价值对于游戏开发和产品营销的重要性，游戏用户价值的提升不但有助于拓展游戏产品的市场份额，还可以延长游戏产品的生命周期，从而对于产品的盈利性也具有重要作用。综上所述，学者们针对网络游戏的营销策略的主要观点详见表 2-5。

随着互联网的发展和移动手机的普及，很多公司都根据天气等消费者外部环境的变化来制定营销策略或精确预测消费者需求。Marshall（2014）在《华尔街日报》的文章中揭示了社交软件 Facebook 和 Twitter 已在布局如何根据天气情况对于其消费群体进行精准营销。Bart 等（2014）的研究发现，相比在传统的实体店进行品牌营销，企业根据消费者外部环境的变化调整在移动客户端上的广告投放和品牌宣传比前者的营销效果会好很多。如果能够结合手机游戏玩家的精确地理位置和身处的空气质量以及天气情况，游戏公司进行有针对性的营销和消费预测，制定出相应的营销策略，无疑是一种更有效和有益的尝试。

Katherine（2013）在2013年8月14日《华尔街日报》发表的文章中提到，天气预报公司Weather Co.根据所拥有的美国等地区的天气、积雪、云量等气象数据，为很多手机应用市场商家提供天气预报信息，配以消费者查看天气情况的时间、精确地点以及查看次数等信息，运用大数据的算法，预测用户的消费行为，从而帮助企业精准投放产品广告。

表2-5　企业对网络游戏的营销策略研究代表文献

代表文献	主题及创新点	数据来源	研究方法	研究结论
Choi 2004	游戏中玩家互动平台的重要性	在线网络游戏的玩家行为的大规模调查	问卷	游戏公司可以通过提供适当的沟通平台和及时的反馈方式促进用户个人互动以及社会互动
Yee 2006	游戏管理者要设计针对用户的有效奖励机制	对几款在线游戏玩家的调查	问卷	游戏中的奖励可以增强在线用户的游玩动机
Wan 2006	游戏中的奖励和玩家成就感获得	中国台湾地区青少年在线网络游戏行为的调查	问卷	游戏用户在游戏中获得的成就感和得到的奖励是他们继续游戏的主要因素
Lee 2009	游戏开发者要增加游戏用户的流体验	对458名游戏用户的实验	实验	流体验是影响客户接受在线游戏的感知享受的一个更重要的因素
Guo 2012	大型在线游戏的企业与用户共创价值	针对《魔兽世界》游戏用户的线上调研	问卷	通过价值共创激励游戏用户在游戏中的活跃度

（续表）

代表文献	主题及创新点	数据来源	研究方法	研究结论
Marchand 2013	视频游戏环境中企业创造价值的重要性	针对在线游戏玩家的调查	问卷	从游戏平台、游戏产品内容和网络互动等方面重视游戏用户的价值共创
Rezaer 2014	游戏玩家通过社会互动获得社会价值	马来西亚网吧游戏用户 228 份有效问卷的调查	问卷	为了提升用户的支付意愿游戏平台要注重用户在虚拟世界从社会互动中得到的社会价值
本书	游戏企业的营销策略和效果评估	中国游戏公司海量游戏用户	大数据	游戏公司要基于空气质量和天气情况等外部环境实施有效的营销策略

注：笔者根据相关文献整理所得。

本章小结

  本章对手机游戏用户消费行为内涵进行了界定；回顾和梳理了手机网络游戏用户消费行为分析的理论基础和相关研究进展；在气象营销新理论的基础上，综述气象因素（空气质量、天气）和用户消费行为的相关研究，为本书的模型构建以及研究分析奠定理论基础。同时，笔者还站在企业营销管理的视角，回顾了以往学者们针对网络游戏的营销策略的研究成果。

  根据手机游戏用户的使用行为和消费行为研究，笔者界定了手机游戏用户消费行为的内涵（用户付费行为和用户社交行为）。

  笔者回顾了研究手机游戏用户消费行为的相关理论：使用与满足理论、消费价值理论以及气象营销新理论和其他相关理论，提炼出了影响手机游戏用户消费行为的因素：用户的社交互惠、用户所属组织和竞争环境、用户的技术服务适配性、用户的角色能力价值、用户的视觉权威价值、空气质量、天气情况、网络外部性、游戏涉入时长、游戏流行性、节日和假期等。

在空气质量、天气与用户付费行为的研究上，学者们聚焦空气污染对于消费者身心健康状态、对人们的消费和投资行为的影响。空气污染对人的影响可归纳为显性影响和隐性影响，显性影响即空气污染使得个人能力变差，工作效率降低；隐性影响使得人的认知功能变差、心理压力增加、产生抑郁情绪和心理、生活满意度下降。而天气情况对消费者行为的影响体现在，天气影响人的情绪、天气影响人们的日常购物模式和购买行为以及广告的营销效果。天气情况对消费者的影响可以归纳为不同的天气条件影响消费者情绪的变化，当消费者情绪发生变化，消费者的消费路线以及产品选择、助人行为甚至对于广告营销效果的评判和反应都会发生变化。在空气质量、天气与用户社交行为的研究上，学者们聚焦空气质量对于人们的任务活动、人与人的相互作用以及人的情感活动三大社交分类的影响。具体表现为，空气污染导致人们的工作时间减少、空气污染对人的劳动生产率也会产生影响、空气质量和人的居住稳定性相关、空气污染还影响个人的户外活动和邻里社会关系等亲社会行为、空气污染导致人的情绪更为敏感、空气污染会导致人的焦虑和抑郁情绪。而天气情况对人的社交行为的影响，具体体现在极端天气对于人们的计划安排产生影响、天气情况和人的助人行为息息相关、阳光促发人们积极的社交情绪，阴雨引发人们的消极社交情绪。

在企业对网络游戏的营销策略的研究上，学者们主要聚焦于游戏产品提升和促销方式方面，概括起来，体现在完善平台增强价值创造、改良游戏产品提升用户流体验、建立有效的游戏奖励机制以及促进玩家间以及玩家和游戏的互动。

通过文献梳理，笔者发现，空气质量以及天气情况的影响逐渐得到学者们的重视。空气质量和天气对于人的社交行为、金融投资、产品购买、消费方式以及企业的广告促销效果的评价（Saunders，1993；Kamstra，2003；Lepori，

2009；Bertrand 2015）都会发挥重要的影响力，空气质量以及天气情况对于消费行为的影响已得到学界不同程度关注。然而，学者们对于空气质量以及天气的影响分析都是基于现实的生活环境。笔者认为，在移动互联方兴未艾并逐渐成为一种生活形态的当下，应结合独特的消费情境和消费行为，针对移动互联网游戏消费进行新的研究和探索（新领域、新变量和新问题），从而在理论和管理策略两个层面获得新成果。

第一，以空气污染、天气情况与消费行为为主题，笔者以空气质量（空气质量指数 AQI）作为新变量①，对手机游戏用户消费行为进行探测仍是较新领域，相比现实消费环境，手机游戏移动式消费形态、空气质量和天气情况又是怎样影响手机游戏用户的心理和行为的？手机游戏虽然是网络世界，但是游戏用户在游戏中要完成各种任务才能过关和继续游戏，手机游戏用户在游玩时的效率在空气污染和手机付费的关系中是否起到了中介的作用？现实气象环境变化与用户虚拟世界的消费又有着怎样的联系？

第二，空气质量、天气情况与社交行为的影响机制，已有文献主要聚焦空气污染对于实体消费的影响（Saunders，1993；Lepori，2009；Bertrand，2015）。本书在虚拟的手机网络世界中，探讨在空气质量与手机游戏消费行为关系中，是否存在游戏用户的状态即任务完成效率的中介效应，手机游戏中用户的社交行为与付费行为又是怎样的关系，这些机制和影响机理需要揭示。

第三，企业营销策略制定和效果评价，类似 Burberry、Ace、TacoBell、Delta Airlines 和 Farmers Insurance 等知名品牌都已基于天气设计促销等策略安排，美国有超过 200 家跨国公司与天气频道公司合作，以进行有针对性的广告和促销活动（Li et al.，2017）。在网络虚拟游戏社区中，不同空气质量和天气情况下，企业该如何设计营销策略作出回应，其效果又如何？这些新问题将在本书的后文中予以说明。

---

① 空气质量数据来源于中华人民共和国生态环境部网站 http：//www.mee.gov.cn/.

| 第三章 |
空气质量与手机游戏用户的消费行为

近年来，我国不断着力推进数字化进程和数字经济的发展，网络使用资费的降低、连接速度的提升使得互联网更为惠民。互联网承载了越来越多的服务和功能，移动互联网的表现更为突出，应用场景在网民中不断扩大和渗透，手机网络用户规模也在持续地增长。尤其是虚拟的网络世界（Virtual Worlds）①中的手机网络游戏已呈现出稳步的发展增长态势，在我国，手机网络游戏2018 年收入为1339.6 亿元。手机网络游戏在我国有着巨大的市场基数和人口红利，2018 年中国移动游戏市场实际销售收入占全球移动游戏市场销售收入比例约为30.8%。

通过前文的文献分析，笔者发现，以往研究文献缺乏从消费者所处在的外部环境（空气质量、天气等因素）对他们在虚拟网络世界中的消费行为的影

---

① 虚拟的网络世界（Virtual Worlds）已经成为一种新颖的消费互动环境；成千上万的参与者不仅可以相互交流，还可以在虚拟世界中买卖虚拟物品。这种虚拟世界经济体通常采用具有实际经济价值的虚拟货币。据 DFC Intelligence 公司统计，2012 年来自虚拟世界的收入为 130 亿美元，其中超过 40% 归因于虚拟资产交易。虚拟世界被认为是增长最快的娱乐产业之一，并吸引了大量的风险资本。另一方面，虚拟世界中网络游戏的物品购买行为没有得到相应的学术研究关注，关于虚拟世界的大部分学术文献都专注于处理虚拟世界中的信息技术，包括 3D 建模、人机交互等（Morillo et al. , 2007；Mondet et al. , 2009；Tate et al. , 2010）。

响的分析，很少探讨现实环境和虚拟世界中消费者购买以及社交互动的联系和关系。

从经济学角度看，虚拟世界的消费对现实世界产生影响（Castronova，2001）已成为学界和业界的共识，但是，现实世界中的环境又如何影响虚拟世界，目前尚未进行过深入探讨和研究，而这些问题无疑让我们站在新的研究视角开启探索的路径。从管理学的角度来看，空气质量以及天气情况对于消费行为的影响已得到学界不同程度的关注。

为此，本章以研究空气质量与手机游戏用户消费行为的关系为目的，基于使用与满足理论、修正的消费价值理论和气象营销新理论，结合手机网络游戏消费情境的相关要素，构建手机游戏用户消费行为影响因素的模型，界定本书研究所涉及的变量内涵和构念，探究空气质量与手机游戏用户的付费行为以及社交行为的关系，并提出研究假设、进行数据分析、计量模型设计和实证检验。

第一节　空气质量与手机游戏用户的付费行为

前文从手机游戏用户消费行为研究的视角，系统地归纳了手机游戏用户的使用行为和消费行为体现在消费者的理性行为和技术接受、消费者的价值观、消费者的使用满足、消费者的个人体验、消费者的社交互惠、游戏流行性、节日和假期和网络外部性。笔者认为，研究手机游戏用户消费行为，一方面要聚焦游戏用户在手机游戏的使用与满足因素（用户的社交互惠、用户所属组织和竞争环境、用户的技术服务适配性），还要关注用户在游戏中的价值因素（用户的角色能力价值、用户的视觉权威价值）；更不能忽视用户在游戏过程中身处的外部因素（气象环境：空气质量、天气；外部条件：节假日、手机游戏在市场上的流行性)。

　　本节主要基于以往的研究模型和学者们的研究观点，结合本书的研究情境，探讨游戏内的相关因素和游戏外的环境因素对手机游戏用户的影响，厘清手机游戏用户在游戏付费行为中的一些关键要素和在研究过程中的一些逻辑关键点，深入挖掘影响手机游戏用户消费行为的因素，为后续从理论模型和文献出发提炼研究的因变量、自变量和控制变量提供支撑和依据。

一、手机游戏用户的付费行为

　　付费类手机游戏是企业的主要盈利点，手机游戏厂商重点探索内容优化从而不断刺激消费者的付费行为。随着手机游戏市场的日趋成熟，付费手机游戏市场前景更为广阔，消费者的整个使用游戏的过程涉及在线消费行为，因而了解手机游戏用户的付费行为对于企业来说更具实践价值。

　　在第一章中，笔者已介绍了动作角色扮演类游戏（ARPG）所体现出的特点：该类游戏体现了用户对于人生的模拟。游戏有等级提升和完整丰富的剧情，手机游戏用户在玩动作角色扮演类游戏的时候，既是在玩一款动作游戏又同时在玩有剧情的角色扮演游戏（Huffaker et al.，2009）。动作角色扮演类游戏具有故事性、用户寻求自我价值、竞争性以及社交性。

　　动作角色扮演类游戏的付费特点是，在手机游戏中，玩家可以免费下载游戏，这使得游戏的进入门槛降低了，但是玩家要获得更好的游戏体验就需要充值付费了。在此类游戏中，玩家拥有自由选择权，留存与否，是否充值都由玩家自主决定。这种付费模式已被大部分手机游戏玩家所认可，玩家的消费习惯从而逐渐养成。

　　在付费手机游戏的使用环境下，手机游戏用户同样具有一定的选择自主权，免费下载后是否要留存该款游戏，试玩游戏后是否会充值付费以及付费金额都是由手机游戏用户自主决定。以往研究表明，虚拟世界的成功不仅依赖于吸引玩家的初步接受，更重要的是，还需要留住现有的玩家并刺激玩家持续参与虚拟世界的活动。虚拟世界中玩家的虚拟物品购买行为的频次意味着玩家的活跃度。

在这项研究中，笔者根据以往学者对"付费意愿"的内涵和定义[①]，将"付费"定义为：在手机游戏打造的虚拟世界环境下，手机游戏用户参与游戏这个虚拟世界里的活动，并产生实际的货币购买和支付行为。

现阶段，手机游戏用户可以免费下载 ARPG 类手机游戏（如神雕侠侣、最终幻想、永恒之巅等），进入游戏后，用户通过完成游戏中的任务获得游戏装备和辅助道具，提升游戏角色的等级。通过一定的任务关卡后，游戏系统会提示需要充值/购买游戏币才能接下来继续体验后续的游戏环节。这种情况下，手机游戏用户，如果想要继续完成后续的关卡和游戏体验，就只能进行游戏的付费和充值[②]，否则只能结束游戏的体验。

二、游戏用户身处的外部环境

外部环境的变化对于消费者在虚拟手机游戏世界中的影响是研究中不可忽视的问题。在本书中，笔者特别关注不属于手机游戏的环节因素，即外部环境因素对手机游戏用户付费行为的影响。这些外部环境因素包括：手机游戏用户身处的空气质量、天气情况、节假日以及该款手机游戏在当期市场上的流行性等非游戏内的因素。

（一）空气质量

空气质量可以用空气污染指数（Air Pollution Index，简称 API）表达

---

① 详见本书第二章表 2 - 1。

② 游戏在正式推向市场之前会有封测、内测和公测阶段，即邀请游戏技术工作人员、游戏制作人员以及小部分玩家代表参与到游戏中，提出意见和反馈，为游戏正式推出提供指导建议。这些背景下会涉及游戏的免费游玩情况。这些未正式推向市场的阶段不在本书的研究范畴内。

（Shenfeld，1970；Thom & Ott，1976；Murena，2004）或者是以污染物标准指数（Pollutant Standards Index，简称 PSI）来衡量（Ott & Hunt，1976；EPA，1994）。空气质量指数有许多分类，通过指数化的表达描述全球城市空气污染状况。虽然美国环保局提出的指数给出了空气质量的总体评估，但是针对不同的污染物进行研究会更具有客观性和针对性。

空气质量还可以使用空气质量指数来统计。空气质量指数（Air Quality Index，简称 AQI）[①] 是一个无量纲指数，除了被其他国家用以检测和研究空气质量的代表性指数外，也是中国定量描述空气状况的指数。由于环境中存在的主要污染物种类有细颗粒物、可吸入颗粒物、二氧化硫、二氧化氮、臭氧、一氧化碳等，因此空气质量指数也包含一些单项污染物的分指数。PM2.5 是空气污染指数的一部分，PM2.5 具体是指大气中的微米颗粒物，小于或等于 2.5 微米的颗粒物，也称为可入肺颗粒物。尽管 PM2.5 是大气中含量较少的组分，但是它对空气质量和能见度等有重要的影响。研究显示，PM2.5 微粒直径小，含有大量的有毒、有害物质并且能在大气中长时间地停留，达到较远的传输距离，对于人体健康和大气的影响较为明显。在研究中，学者们使用 PM2.5 作为空气污染主要观测和代理指数对人的影响的研究成果也很多（Block et al.，2009；Genc et al.，2012；Chang et al.，2016；Sass et al.，2017）。

《环境空气质量指数（AQI）技术规定（试行）》（HJ 633—2012）规定：空气污染指数划分为 0—50、51—100、101—150、151—200、201—300 以及大于 300 这六档，分别对应空气质量的六个级别，指数越大，级别越高，说明污染越严重，对人体健康的影响也越明显。当 PM2.5 日均浓度达到 150 微克/立方米时，AQI 即达到 200；当 PM2.5 日均浓度达到 250 微克/立方米时，AQI 即达 300；当 PM2.5 日均浓度达到 500 微克/立方米时，对应的 AQI 指数达到 500。

---

① 相关数据和评级源自中华人民共和国生态环境部网站 http：//www. mee. gov. cn/.

当空气污染指数为0—50的时候，此时空气质量的级别为一级，空气质量状况属于优，表现在空气质量令人满意，基本无空气污染，各类人群可正常活动。当空气污染指数为51—100时，空气质量级别为二级，空气质量状况属于良。当空气污染指数为101—150时，空气质量级别为三级，空气质量状况属于轻度污染，此时，老弱病患和敏感人群应减少户外活动。当空气污染指数为151—200时，空气质量级别为四级，空气质量状况属于中度污染，此时，污染对健康人群的心脏、呼吸系统有进一步的影响，因此敏感者应避免长时间、高强度的户外锻炼，普通人群适量减少户外运动。当空气污染指数达到201—300时，空气质量级别为五级，此时的空气质量状况属于重度污染，建议老弱病患等敏感人群应停止户外运动，普通健康人群要减少户外运动。而当空气污染指数大于300的时候，空气质量级别为六级，此时空气质量状况属于严重污染，此时要避免户外活动。

通过对空气质量和空气污染相关内容和指数的了解，不难发现空气质量的好坏和人们参与户外活动与否有着较强的联系，尤其是当空气污染加剧的时候，无论是健康群体还是敏感、病患人群，都会降低或是避免户外的活动。当人们不能参与现实世界的户外活动，是否会选择投入到虚拟世界的娱乐活动中，选择手机网络游戏？手机网络游戏使用场景的移动性和便捷性使得手机游戏用户可以在室内和室外场合下参与游戏行为，不过以往的研究也显示了，室外污染对室内人群的生产效率也同样有着不可忽视的影响（Chang et al.，2016），另外，空气污染造成的雾霾还会让人们的产生"心霾"（Chen et al.，2018），影响人们的认知和情绪。并且，手机游戏用户在游戏中的游戏效率以及情绪状态和他们在游戏中的付费行为具有紧密的关联性，因此，可以说，空气质量和手机游戏用户的行为密切相关，这个属于现实世界的外部环境的影响因素应该并且非常值得纳入我们对虚拟世界消费行为的研究中。

（二）天气情况

天气对人类行为具有重要的影响。例如，天气对金融的影响研究（Saunders, 1993; Trombley, 1997; Hirshleifer & Shumway, 2003; Goetzmann & Zhu, 2005) 揭示了天气对于股票交易的影响。此外，心理学的大量研究讨论了天气如何影响人们的行为。Persinger 等（1983）研究了温度、相对湿度、风速、日照时数、气压、地磁活动和降水对人的情绪方面的影响，总的来说，他们发现40% 的情绪评估是由气象事件的组合造成的，特别是，气压和阳光对情绪的影响最大。其他研究人员发现了低湿度（Sanders & Brizzolara，1982）、高日照（Cunningham，1979; Schwarz and Clore，1983）、高气压（Goldstein，1972）、高温度（Cunningham，1979; Howarth & Hoffman，1984）都与积极的情绪有关。此外，Keller 等（2005）的研究表明，天气的心理影响会随着季节和人们外出时间的增加而减弱，具体来说，研究者发现，宜人的天气改善了人们的心情。

尽管天气情况对人们行为的影响已经在金融和心理学等领域得到了探讨，但在营销的文献中，关于天气影响的研究数量却并不多。通过前一章的文献回顾，笔者发现天气对消费者行为影响的最直接证据来自 Parsons（2001），他研究了天气对日常购物行为的影响，研究者的分析中没有提到天气对销售额影响的心理机制，同样在数据实证的过程中，也没有报告销售数据，仅仅是专门关注购物者的数量，研究结果具有一定的局限性。

在近阶段的研究中，Li 等（2017）的研究发现不同的天气条件（晴天、雨天和多云）手机 App 中广告语调的不同，产生的短期和长期营销效果也存在差异，如果当天天气比昨天更好（或者比天气预报的更好），则广告带来的购买率也会明显增加。概述之，不同的天气条件影响情绪变化，当消费者情绪发生变化，消费者的消费路线以及产品选择、助人行为甚至对于广告营销效果的评判和反应都会发生变化。

通过对天气情况和人们行为相关研究的了解，笔者发现天气情况和人们的心情以及情绪变化有着较强的联系，尤其是天气晴朗的时候，人们心理正面效应增加，消费者支出趋于增加，同时对于广告效果的评价也更为正面和积极。

当天气为阴雨的时候，人们心理负面效应增加，消费者支出趋于减少，同时对于广告效果的评价也更为负面和消极。手机游戏用户在现实世界中受到天气情况影响的情绪和心理反应是否会影响他们在游戏中的消费金额和社交情况呢？并且，手机游戏用户在游戏中的情绪状态和社交行为与他们在游戏中的付费金额具有紧密的关联性，可以说，天气情况和手机游戏用户的消费行为紧密相关，不能忽视天气情况的影响作用，因此，这个属于现实世界的外部环境的影响因素同样应该纳入我们对虚拟世界消费行为的研究中。

（三）节假日

从节日和假期的统计数值来看，目前，我国的节日和假期每年平均有114天左右，占到全年将近三分之一的天数。节假日对于人们的任务分配、时间安排以及消费行为都有影响。

人们的任务分配在节假日和非节假日有着很大的差异。在非节假日或是工作日，人们（尤其是学生、上班族等）会面对正常的学习任务以及工作任务，工作安排和任务安排相对缺乏自主性，会受到组织任务的调配，人们更多地将个人精力和任务重心放到工作和需要完成的任务上。

节假日人们的时间安排也和非节假日体现出差异性。在节日和假期，人们通常会进行运动或者旅游安排（Deknop，1990）。特别是国内，很多节假日与传统文化和风俗相关，人际交流的频次远远高于非节假日。也就是说，在节假日的时候，人们现实社会的户外活动和社交行为会较多，但是，是否会减少虚拟世界的时间支出，并没有研究做出解答。

节假日和非节假日里人们的消费模式和金额也会不同。Tian 等（2018）的研究显示，在节假日，中国消费者的网上购物金额相比工作日有明显的增加。邓然（2018）的研究也证明了，空气质量对信用卡消费有负向影响，在空气质量作用下，周末、三天假期有利于促进信用卡消费，但七天长假对信用卡消费不产生显著影响。尤其是在我国，几千年的文化是以小商品经济为基础，传统文化价值观对消费者具有深刻的影响，这使得消费者非常重视传统节假日及节假日的消费，体现出重视和高度参与的行为。同样，伴随着外来节日的流行，外来文化和西方价值观也让年轻人表现出假日里的消费活力。消费者心理和行为愈发呈现出多样化的趋势，尤其是年轻消费者追求代表自我个性的消费，使得消费者对于个性化的产品和服务的需求在节假日这个特别的时间里表现得更为突出，消费者可能比工作日的时候愿意花更多的钱去购买。

可以看出，节日和假期对于人们在现实生活中的消费模式和金额有着一定的影响，那么，节假日对于人们在虚拟世界中的消费和支出又会有怎样的影响，则需要进一步探索和研究。

（四）游戏的流行性

游戏的流行性同样是除了游戏设计和游戏内容外不可忽视的外部影响因素（Oh et al.，2015）。通常，消费者在手机应用市场或者通过官方渠道从应用商城下载一款手机游戏，消费者可以看到这款手机游戏的下载量，还可以从网络了解到该款游戏在市场上的流行情况和口碑评价，这对于手机游戏用户的下载和使用以及消费行为无形中产生一定的影响。

Alexander（2003）的研究认为，一款游戏在市面上越受欢迎、越流行，就会吸引更多的游戏用户参与和体验该款游戏。Kim 等（2008）也发现了在备受玩家欢迎的游戏中，"网络游戏上瘾"情况较为多见。Liu 等（2014）的研究揭示了手机游戏的下载情况在应用市场经过算法体现出一定的下载量数值，下载量越多，代表游戏越受到消费者的关注，因而也体现出该款手机游戏的流行性。

Carare（2012）的研究表明，在移动应用行业，移动应用的排名会影响消费者的需求和下载量，移动应用排名主要分为两类：销售排名和流行排名。虽然现有的文献一直在研究移动应用的销售排名，而对流行排名的关注相对较少。随着免费增值业务模式的出现，受欢迎度排名越来越突出。关于产品搜索量和产品流行性对销量影响的学术研究也越来越多（Agarwal et al.，2011；Animesh et al.，2011；Ghose & Yang，2009；Ghose et al.，2014；Feng et al.，2007），也有很多关注销售排名的研究（Brynjolfsson et al.，2003；Chevalier & Goolsbee，2003；Garg & Telang，2013）。

Oh 等（2015）的研究发现，移动应用在应用市场上的人气等级排名在广告与应用内购买销售之间的关系中起到中介的作用。研究人员通过每天收集的移动游戏数据的实证分析显示，广告支出不仅提高了人气排名，还增加了应用内购买销量，此外，研究人员还证明了移动广告对应用内购买销售的影响完全由该款应用在应用市场上的人气排名情况所调节。

消费者的需求受到移动应用排名的高度影响。对于消费者来说，参考移动应用排名是一种有效的方式，可以减轻他们在有限的移动应用访问渠道中搜索的负担。因此，我们可以合理推断，消费者的需求也受到移动应用排名的高度影响。Carare（2012）的研究为移动应用排名对消费者需求的影响提供了很好的实证支持，研究表明消费者对排名靠前的应用的支付意愿（Willing to Pay）高于同一类型未在排名榜单的应用，消费者对于排名较低的应用的支付意愿会大幅下降。

由此笔者发现，手机游戏在市场上的流行性排名对于游戏用户在手机游戏中的支付意愿具有一定的影响力，那么，手机游戏在市场上的流行性排名情况对于游戏用户在游戏活动中的付费金额和社交情况的影响又会是怎样，仍需要进一步探索和实证检验。

三、游戏中用户的任务完成效率

手机游戏用户在玩动作角色扮演类游戏的时候，要完成游戏设置的各种任务才能通过相应的关卡，此时，游戏用户的操作效率（也可以理解为游戏任务的完成效率）就发挥着很重要的作用（Boll et al.，2008）。在现实世界，工人们的工作效率体现出他们的生产力状况（Chang et al.，2016），同样，在虚拟的网络游戏世界，游戏用户完成了任务和通过了关卡，如果继续后续的游戏体验会伴随着游戏付费、充值数值的不断增加，可以说，游戏用户的任务完成效率对于他们的消费行为具有影响力。

Broll 等（2008）通过对 AR 游戏的研究发现，游戏中用户完成游戏内设置的任务的时间代表用户的操作效率，效率越高，完成任务越顺畅的用户体验会更好。Korhonen 等（2008）研究了手机游戏玩家和开发者的新心态，研究发现，手机游戏玩家在心理状态不好的时候，玩游戏的通关时间或者歼灭敌人的数量就会显著减少，玩家的游玩效率对于玩家的游戏黏性具有重要的影响。游戏开发者应该关注游戏玩家的完成效率和游戏状态，创造更多的有利环境增强玩家的游戏状态，减少玩家因为屡次任务失败而造成的不耐烦等不利情绪。

Sweetser 等（2012）的研究发现，当游戏玩家在游戏任务完成的时候会出现流体验，然而，当他们在游玩的时候如果不能很好地完成系统设置的任务，他们会出现挫败和厌倦等不适的心理感觉，这对于玩家后续是否继续玩游戏以及在游戏中的行为都会产生影响，因此，游戏厂商和管理者应该积极探索协助玩家完成任务的辅助策略、战术和技能，而不仅仅是优化游戏玩家的装备。

游戏中用户的任务完成效率和他们在游戏中的消费也有着紧密的联系。Huffaker 等（2009）的研究发现，玩家游戏任务的完成效率对于他们的社交行为没有本质影响，但是会影响他们在游戏中的购买行为。研究人员以 Ever Quest II 游戏为研究样本，这是一款流行的大型多人在线角色扮演游戏（MMO）。研究者依靠指数随机图模型（ERGM）在五天内检验了 1 457 名游戏玩家的社交行为。研究人员发现，那些在游戏中取得最大成就的人会发送和接收更多的通信，而那些在游戏中完成任务效率较高的玩家则表现出与其他玩家的沟通行为没有区别。玩家们普遍倾向于与具有相似专业水平的人沟通，而更高级别的游戏玩家更有可能接受其他参与者的沟通。不过，在游戏中效率更高的玩家在游戏的购买和消费行为上相比其他玩家表现更为突出。

不难发现，手机游戏玩家在游戏中所表现出的任务完成效率对于他们的购买和消费行为具有一定的影响力，那么，手机游戏用户的效率在外部环境的影响下会出现怎样的状态，手机游戏用户的效率在外界环境与其付费行为的关系中又发挥了怎样的作用，仍需要进一步的实证检验。

四、游戏中用户的角色能力体现

在动作角色扮演游戏中，随着游戏任务的不断完成，用户的角色能力逐渐展现出来。Park 等（2011）通过对在线游戏玩家的调查，提出了改进的消费价值理论（MTCV），用于反映在线游戏玩家对可购买游戏物品价值的感知，该理论（MTCV）由角色能力价值、享受价值、视觉权威价值和金钱价值组成。游戏中用户的角色能力又是从哪些方面体现出的呢？

Whang 和 Kim（2005）调查了"天堂"的游戏用户买卖游戏物品的原因，其研究结果显示，"天堂"用户交易游戏项目是为了获得更多乐趣，变得更强大，并向其他用户夸耀游戏项目，强大的等级意味着游戏中用户角色价值高。Lin 和 Sun（2007）将游戏中的道具分为两类：功能性道具和装饰性道具，其中功能性道具是用来增加角色进攻能力的游戏道具，装饰道具是用来改变角色的外表的游戏道具，玩家通过对两类道具的不断升级来展现他们在游戏中的角色价值。在线游戏出版商的全球商业解决方案提供商 Live Gamer（2009），将游戏中的物品分为三类：满足用户虚荣心的物品、功能物品和社交物品，其中，虚荣物品类似于 Lin 和 Sun（2007）所提出的装饰性道具，功能物品类似于 Lin 和 Sun（2007）所提出的功能性道具。Lehdonvirta（2009）在研究报告中提到，虚拟商品具有功能属性、情感属性和社会属性。Guo 和 Barnes（2009）提出了三种影响用户购买游戏物品的游戏物品价值，分别是：游戏感、角色能力和任务情境的要求。游戏感指的是玩家对游戏的专注、享受和好奇心；角色能力指的是 Lin 和 Sun（2007）所说的游戏用户在所拥有的功能道具的帮助下获得的游戏技能的提升。

在虚拟世界的手机游戏中，用户同样也存在着等级上的差异，游戏系统会根据用户在游戏中的行为和任务完成情况，综合他们在游戏中的表现要素，具体地数值化角色能力指标，譬如在许多网络游戏和手机游戏中，很多游戏用户从最初始的第一级开始游玩和练习（在游戏中，称为"练级"），一直到游戏角色能力达到峰值等级（在游戏中，又称为"封顶"）。

可以说，手机游戏玩家在游戏中所表现出的角色能力对于他们在游戏中的购买和社交行为具有一定的影响力，角色能力是游戏用户消费价值追求的重要组成部分，那么，手机游戏用户所体现出的角色能力在外界环境与他们的付费和社交行为的关系中又会起到怎样的作用，仍然需要验证。

五、游戏中用户所处的竞争环境

无论是大型的多人在线游戏还是角色扮演类游戏，游戏用户在游戏中重要的任务之一就是歼灭游戏系统设置或是游戏竞争方出现的影响游戏任务完成的竞争对手，是一种充满着竞争性的歼敌行为。和现实社会一样，在游戏给用户所打造的环境下，竞争性的压力是游戏用户随时面对的，竞争越激烈，游戏用户付出的精力越多。

Davidsson 等（2004）针对手机游戏的设计模式的研究报告中指出，游戏的设计要侧重于团队游戏中背叛的可能性以及有限资源的使用，特别是对于游戏用户在完成任务的过程中，除了要设计符合游戏用户心理的游戏道具外，更要巧妙地设计游戏用户面临的敌人形象和特征。Steina 等（2011）研究网络游戏的魅力时指出，在一定游戏时间里，游戏用户征服了敌人和游戏所打造的虚拟世界的时候，他们会获得成就的快乐。游戏中的生死存亡让游戏用户虽然处于紧张的心理状态，但是获得的成就感甚至能激发他们更好的体验。游戏用户逃避现实的抑郁情绪时，在网络虚拟世界中的杀敌等行为会让他们现实生活中的负面情绪得以宣泄。

Kim（2013）通过对手机网络游戏的研究发现，流行的手机游戏至少具有以下几个特征：简单的规则、社交互动以及以便捷性的操作移除障碍或是击败敌人。

Hosseini 等（2013）通过对 3D 纹理流媒体在手机游戏中的应用研究指出，手机媒体的生动性和趣味性体现在手机游戏用户和敌人战斗的过程中，游戏场景和竞争画面展现是刺激游戏玩家持续活动的最好方式。

通过分析我们可以发现，手机游戏用户在游戏中所处的竞争环境对于他们在游戏中的购买和社交行为具有一定的影响力，游戏用户在游戏中面对的敌人等级和技能越强大，他们所处的竞争环境越激烈，他们从游戏的争斗中获得的竞争体验和成就感也就越强烈，那么，手机游戏用户所处的竞争环境在空气质量和他们的消费以及社交行为的关系中会发挥怎样的作用，笔者将通过进一步的实证研究加以挖掘。

第二节 空气质量与手机游戏用户的社交行为

在本节中，笔者主要结合本书的情境，基于以往学者们针对手机游戏用户社交行为的研究，在前文文献回顾和研究的理论基础上，重点剖析空气质量对手机游戏中用户社交行为的影响以及厘清手机游戏用户的社交行为和手机用户付费行为的关系，分析用户在游戏中的社交行为在空气质量与手机游戏消费行为的关系中扮演怎样的角色，起到怎样的作用。

根据以往学者的研究结论，本书将"社交"定义为：在手机游戏打造的虚拟世界环境下，手机游戏用户参与游戏这个虚拟世界里的活动，并和其他手机游戏用户进行互动和赠送礼品的行为。

一、空气质量对手机游戏中用户社交行为的影响

如前文所述，空气质量和人的亲社会行为相关联。空气污染让人们的亲社

会行为变少，对于社区邻里关系的构建产生负面的影响（Srinivasan，2012；Videras，2012；Chen，2013）。空气质量和人的压力变化以及情感活动紧密相连，空气污染对人类情感反应的影响，包括人的认知、情感以及情感之外成分。此外，研究人员还通过实验以及访谈法研究空气污染的影响，揭示了空气污染导致的人的身体和大脑健康的变化可以通过多种方式来影响人的决策行为。间接地，健康可以通过改变身体资源的配置影响人的情感状态和决策结果，空气污染对人更为深层的影响是，空气污染降低了人们社交的欲望，甚至会产生社交冷漠的心理状态（Grossman，1972；Evans，1981；Broadhead et al.，1983）。

空气污染导致人的情绪更为敏感，其主要表现在对人的情绪稳定性和外向性方面。空气污染会导致人的焦虑和抑郁情绪，学者们的研究发现 PM2.5 浓度与人的焦虑情绪呈现正相关，研究还揭示了，尽管空气污染对户外工作者智力的影响超过室内工作者，但不止一项研究发现，颗粒最小、最有害的空气污染物可以（而且确实会）进入建筑物，因此只是躲在室内并不能让我们摆脱有害影响（王立鑫等，2006）。相关研究也指出，肮脏的空气会影响人类的心理健康和主观幸福感（Zhang et al.，2017）。

总之，空气污染对人的心理感知、社交活动产生了不可忽视的影响。行为经济学家基于偏好揭示人们的互惠行为和经济效益（Cartwright，2014）。在虚拟网络游戏中，成千上万的不同国家、不同肤色的人们可能会使用虚拟角色与其他人实时互动，而此时手机游戏的便利性、虚拟角色的多边性对那些通过互联网进行社会交往的人们展现出无穷的吸引力（Lo et al.，2008）。多方面的研究也证实了，网络游戏社交是游戏消费者继续体验某类游戏的主要原因之一（Martey，2007）。

因此，空气质量的好坏就会潜移默化地影响手机游戏用户的心理和社交状态，继而将这种影响体现到手机游戏中的社交行为中。

二、手机游戏用户社交行为和用户付费行为的关系

由于现实世界社交需求无法得到满足，从而促动人们借助网络游戏获取社交乐趣。游戏公司通过任务关卡设计，包括组队合作、建立门派社团等，鼓励游戏用户们积极地进行互动交流，从而保持游戏忠诚度和消费热情。在手机游戏中，用户之间互送礼物和游戏道具就是社交互惠行为的表现形式（Wang et al.，2011）。

Chou 等（2003）通过对在线网络游戏用户的行为分析，提出了一个理论模型，采用客户忠诚度、流体验（flow experience）、个人互动和社交互动的概念来解释为什么人们继续玩在线网络游戏。研究进行了大规模的调查以验证模型。结果表明，当人们在玩游戏时如果拥有最佳的个人体验，他们将持续游戏。如果玩家与系统进行有效的个人交互或者与连接到互联网的其他人进行愉快的社交互动，则可以获得这种最佳体验。Yee（2006）分析了网络游戏中玩家的使用动机，采用因子分析方法来创建玩家动机的经验模型。将动机经验分为三个组成部分（成就、社交和沉浸）。还介绍了动机与人口统计变量（年龄、性别和使用模式）之间的关系。研究者构建的经验模型为理解和评估玩家彼此之间的差异以及游戏动机、年龄、性别、使用模式和游戏内的行为提供了相关理论基础。

Cole 等（2007）基于大型多人在线角色扮演游戏（MMORPG）的研究，探讨了 MMORPG 内外发生的用户社会互动行为，研究发现游戏中的社交互动提供了建立强大的友谊和情感关系的机会。研究表明，在线游戏中的社交互动是游戏乐趣的重要组成部分。研究结论揭示了虚拟游戏中的社交互动和玩家之间的互惠行为有利于增强游戏乐趣以及促进用户的消费。

研究人员通过对 NFC 游戏中玩家之间的交互活动研究，发现玩家之间社交作为友谊的标签增进了游戏用户之间的亲密关系。游戏用户相互的社交活动创建了共享的社交体验，亲密的互动使玩家在游戏中的感受更为良好，有利于用户的黏连（Nandwani et al.，2011）。学者 McCreery（2015）通过对"魔兽世

界"游戏的研究发现，网络游戏中，玩家（手机游戏用户）消费体验主要表现在玩游戏以及与游戏中其他玩家的社交行为，尤其是在网络游戏中，社交是游戏玩家继续玩游戏的主要原因，玩家购买游戏的付费行为是对游戏产品的消费，与其他游戏玩家进行礼品的互送与情感互动同样是消费的过程。

学者们在最新的研究中指出，虽然社交因素已被证明对于一般游戏用户的保留至关重要，但对手机网络游戏中的用户保留和用户货币化消费的影响尚未得到探索。在研究中，研究者通过一个有超过 200000 名玩家的案例研究来解决在免费增值休闲手机游戏中定义社交功能的问题。研究结果表明，社交活动在一个群组中随着时间的推移而增加（Drachen et al.，2018）。

综上分析，我们可以发现，由于游戏中的社交互动以及玩家间的竞争，使得游戏产品更具有吸引力。在评估手机网络游戏用户付费的研究中，不能抛开游戏中的玩家的社交互惠，很多研究者也考虑到了玩家与玩家之间的互动对于游戏付费的促进作用。如果手机游戏消费者与好友游戏内互动行为越多，而这种社交行为会使得消费者对该游戏的忠诚度越高，更愿意在游戏中进行购买等消费行为。

第三节　模型建构

本书在手机游戏用户付费和社交行为的影响因素基础模型构建时，在借鉴前人相关研究理论和模型的基础上，整合了使用与满足理论（U&G）以及修正的消费价值理论（MTCV）的研究模型，构念出模型的几大变量分类，分别是：用户的付费行为、用户的社交行为、用户在游戏中角色能力价值等因素、用户在游戏中视觉权威价值等因素以及用户的技术服务适配性因素。

另外有研究者认为，网络游戏的魅力在于游戏玩家在玩游戏的过程中随时处于一种竞争性的环境下，游戏的设计要侧重于发挥团队游戏的影响力以及有限资源的使用，特别是对于游戏用户在完成任务的过程中，除了要设计符合游戏用户心理的游戏道具外，更要巧妙地设计游戏用户需要攻击的敌人形象即虚拟世界用户所在的组织和竞争环境因素（Davidsson，2004；Steina et al.，2011；Kim，2013；Hosseini et al.，2013），因此，本书在模型构建时新增了游戏用户所在的组织和竞争环境两个变量。

鉴于此，本书重点关注处于虚拟游戏环境下的手机游戏用户身处的外部环境因素如何影响他们的付费和社交行为，在有关游戏用户消费行为研究中相似变量的研究基础上（Park et al.，2011；Guo et al.，2012；Hsiao et al.，2016），笔者在基础模型中新增了两个与游戏用户息息相关的外部环境变量：空气质量和天气。

在相关理论模型假设和前人实证研究的基础上，本书基于以上变量构建了针对空气质量对手机游戏用户消费行为的影响模型（见图3-1），关于研究中的变量定义和研究假设将在下一节的变量构念及研究假设部分说明。

第四节　变量构念及研究假设

一、变量构念

本书根据手机游戏特有的研究情境和样本特点，基于修正的消费价值理论（MTCV）、使用与满足理论（U&G）、气象营销新理论，参考以往学者们的相关研究和变量构念以及衡量方法，在本书研究情境中，做了变量内涵的提炼和挖掘，同时对符合本书研究的样本特点进行了模型上的适当修正和调整，将涉及的研究变量分为七大类，分别是：用户的付费行为、用户的社交行为、用户所处的外界环境等因素、用户在游戏中角色能力价值等因素、用户在游戏中视

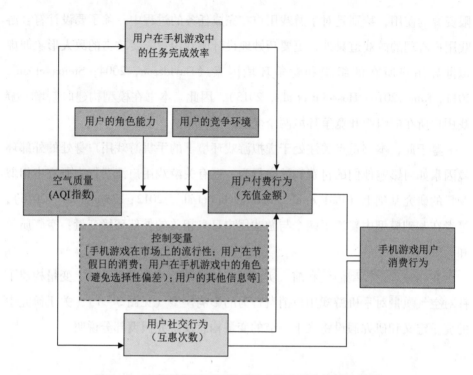

图3-1 空气质量对手机游戏用户消费行为的影响模型

觉权威价值等因素、用户所在的组织和竞争环境因素以及用户的技术服务适配性等因素，对变量内涵的提炼详见表3-1。

表3-1 变量内涵的提炼

分类	变量名称	主要参考来源
用户的付费行为	用户付费金额	Park et al.（2011）
用户的社交行为	用户礼品赠送	McCreery et al.（2015）
用户所处的外界环境等因素	空气质量	《环境空气质量指数（AQI）技术规定（试行）》（HJ 633—2012）
	天气情况	Li et al.（2017）
	节日和假期	
	游戏在市场上的流行性	Oh et al.（2015）

（续表）

分类	变量名称	主要参考来源
用户在游戏中角色能力价值等因素	用户任务完成效率	Korhonen et al.（2008）
	用户角色能力	
	用户的游戏涉入时间	
用户在游戏中视觉权威价值等因素	用户的道具	Lehdonvirta（2009） Gamer（2008）
	用户的装备	
用户所在的组织和竞争环境因素	用户自身所属的组织	McCreery et al.（2015）
	用户所处的竞争环境	
用户的技术服务适配性等因素	系统适配性	Barkhuus et al.（2005）
	网络稳定性	

（一）用户的付费行为

在本书设定的研究情境中，用户的付费行为是指在手机游戏中，用户在游戏过程中所花费的货币支出（用以购买游戏点卡①之类）。手机游戏用户的充值付费为游戏厂商带来了巨大的收益。现阶段，在很多角色扮演类手机游戏中，玩家可以免费下载游戏，这使得游戏的进入门槛降低了，但是玩家如果想获得更好的游戏体验，就需要充值付费了。在此类游戏中，玩家拥有自主选择权，留存与否，是否充值都由玩家自主决定。在本书中，手机游戏用户付费金额的高低是游戏用户消费货币数目的体现，也是手机游戏用户是否喜欢和享受该游戏从而形成用户黏性的关键所在，更是游戏公司关注的主要收益点。

（二）用户的社交行为

在本书设定的研究情境中，用户的社交行为是指手机游戏玩家之间在游戏

---

① 游戏点卡，即游戏玩家充值时所用的卡，是按游戏公司的规定以现金兑换虚拟点（积分）的形式，通过消耗虚拟点（积分）来享受该公司的服务的一种钱款支付形式。

过程中的社交行为，在游戏中玩家可以通过相互赠送礼品（Gift Giving）等进行情感互动。以往学者在对"魔兽世界"游戏的研究中发现，网络游戏中，玩家（手机游戏用户）消费体验主要表现在玩游戏以及与游戏中其他玩家的社交行为，尤其是网络游戏社交是游戏玩家继续玩一些游戏的主要原因，玩家购买游戏的付费行为是对游戏产品的消费，与其他游戏玩家进行礼品的互送与情感互动同样是消费的过程。

基于角色扮演类游戏中用户的社交礼品赠送是个人自主自愿的行为，无任何团体要求和强制性，在游戏过程中，任务设定的奖励要在用户完成任务之后才能得到，用户自发将获得的礼品赠送给其他用户。本书将这类社交行为量化为赠送礼品的数目，体现出游戏用户在社交中的主动性和投入性，手机游戏用户赠送的礼品数目越多，社交主动性就越强。

（三）用户所处的外界环境等因素

在本书设定的研究情境中，用户所处的外界环境等因素主要包括空气质量、天气情况、节日和假期以及游戏在市场上的流行性。

1. 空气质量

本书所使用的空气质量数据来源于中华人民共和国生态环境部网站，采用空气质量指数（AQI）来量化空气质量情况。正如前文所述，根据《环境空气质量指数（AQI）技术规定（试行）》（HJ 633—2012）规定，按照空气质量等级从优、良、轻度污染、中度污染、重度污染、严重污染进行正序分级，空气质量分级详见表3-2。

表3-2 空气质量指数（AQI）分级

指数值	描述	空气质量级别
0—50	优	6
51—100	良	5
101—150	轻度污染	4

（续表）

指数值	描述	空气质量级别
151—200	中度污染	3
201—300	重度污染	2
>300	严重污染	1

2. 天气情况

根据以往学者的研究（Li et al.，2017），将天气进行分类和赋值，探究天气（晴天/阴云/雨雪）对手机游戏用户在游戏中消费行为的影响。

3. 节日和假期

在本书中，笔者将国内的国定和法定节日以及周末假期等归属于节假日。

4. 游戏在市场上的流行性

流行性是指某款游戏在市场上的综合排名（Oh et al.，2015）（既包括下载排名也包括流行度排名），流行的游戏会被统计到手机游戏的排名榜单，如果在游戏的流行榜单中，则代表该款游戏在市场上无论是游戏的下载量还是口碑都表现不错。

（四）用户在游戏中角色能力价值等因素

在本书设定的研究情境中，笔者参考以往学者们对于角色能力的定义和题项，手机游戏用户在游戏中的角色能力价值主要通过用户的任务完成效率、用户的角色能力等级以及在游戏中的卷入度（涉入时间等）进行衡量。

1. 游戏用户的任务完成效率

参考以往学者的研究（Korhonen et al.，2008），根据手机游戏用户在一定时间内为通过任务关卡所歼灭的敌人数量进行衡量，游戏玩家们在系统设置的相同时间内，歼灭敌人数量越多，通过关卡越快，效率就越高。

2. 用户的角色能力等级

在本书样本中，手机游戏用户同样也存在着等级上的差异，游戏系统会根据用户在游戏中的行为和任务完成情况，综合他们在游戏中的表现要素，具体赋值相应的角色能力指数，指数越高，代表能力等级越高。

3. 游戏的涉入时间

在本书研究样本中，游戏系统会根据手机游戏用户每次登录和游戏时长的统计和计算，以数值形式来体现游戏用户对该款游戏的涉入度。

（五）用户在游戏中视觉权威价值等因素

在本书研究情境中，参考以往学者们对于游戏中视觉权威价值的定义和题项，主要通过手机游戏用户在游戏中游戏道具和装备进行衡量。

1. 游戏用户的道具

在本书研究样本中，手机游戏用户在进行游戏的过程中游戏道具时刻伴随着他们，游戏系统会根据用户拥有的道具进行等级排名。游戏中，伴随游戏用户的道具主要是他们的宠物，对应着不同的宠物等级指数，指数越高，意味着该道具无论从外表还是能力上都是强大的。

2. 游戏用户的装备

在本书研究样本中，手机游戏用户在进行游戏的过程，游戏装备对他们来说是完成任务必不可少的，游戏系统会根据用户拥有的游戏装备进行排名，游戏中，游戏用户拥有自己的游戏装备，对应着不同的游戏装备排名指数，指数越高，意味着用户的游戏装备无论从外表还是功能上都是强大的。变量的度量参考了以往学者们的相关研究（Lehdonvirta，2009；Gamer，2008）。

（六）用户所在的组织和竞争环境因素

在本书研究情境中，手机游戏用户归属于自己的组织（即所在的游戏工会，工会组织中还有其他队友玩家），同时游戏用户还有做游戏任务和进行游戏通关的时候需要面对的竞争对手（竞争对手也拥有自己的组织），因此，要将虚拟世界中的成员组织的归属情况考虑到研究中。为此，在模型构建时笔者新增了游戏用户所在的组织和竞争环境两个变量。主要通过手机游戏用户在游戏中所属的组织和竞争环境进行衡量。

1. 游戏用户自身所属的组织

在本书研究样本中，手机游戏用户在游戏的过程中会拥有自己的所属组织。游戏系统会根据用户所在的组织进行等级考核，游戏中，对应着不同的等级指数，指数越高，意味着游戏用户所在的组织等级越高。

2. 游戏用户所处的竞争环境

在本书研究样本中，手机游戏用户在游戏的过程中，会面对竞争对手，竞争对手同样也拥有自己的所属组织。游戏系统会根据他们所在的组织进行等级考核，对应着不同的等级指数，指数越高，意味着游戏用户面对着的竞争对手的能力越强大，当竞争对手等级高于用户等级时，意味着该游戏用户所面对的竞争环境越激烈和残酷。

（七）用户的技术服务适配性等因素

在本书研究情境中，参考相关研究以及技术接受模型（TAM）对于网络用户系统服务操作使用性的表现，根据研究情境，将通过手机游戏用户的网络使用以及手机系统对游戏的兼容性和适配性进行衡量。

1. 系统适配性

由于手机游戏玩家使用的手机系统不同，下载手机游戏后，IOS 系统以及Android 系统等对于游戏的适配程度会有所差异。

2. 网络稳定性

Barkhuus 等（2005）通过对多人在线游戏的研究，发现游戏用户进入和移出 WiFi 网络后在游戏中游戏币的变化，检验了网络链接情况对于游戏用户感知的影响，研究认为，网络链接情况对于在线游戏的消费者选择具有重要影响。

在本书研究中，手机游戏用户所使用的网络链接渠道也不同，手机游戏用户使用的包括4G网络、WiFi、3G等链接方式。因而，在游戏的过程中，手机游戏用户的网络链接情况也会呈现出差异性。根据本书具体情况，对手机游戏用户的网络链接稳定性进行度量。

二、研究假设

（一）空气质量对手机游戏用户付费金额的影响

如前文所述，空气污染会引起情绪恶化，而人在情绪低落情况下极易产生悲观情绪和负面的感知偏差（Bullinger，1990；Schottenfeld，1992），因此在虚拟网络手机游戏中，消费者游玩和闯关体验时，会不自觉地将空气污染引致的情绪变化转移到游戏中。生理医学发现，污染的空气会增加肾上腺皮质醇水平，作为肾上腺在应激反应里产生的一种类激素，皮质醇含量过高会造成代谢紊乱，降低人们追求刺激和冒险行为的欲望（Nowakowiczebek et al.，2004）。而游戏用户在游戏中的闯关体验与任务完成需要用户的付费行为作为支撑，环环相扣，因此，空气质量不好的情况下，用户追求刺激和冒险欲望的降低进而会使得用户的充值欲望和付费行为减少。此外，皮质醇还影响人们的认知和行为，甚至改变人们的选择偏好及理性选择能力（Coates & Herbert，2008）。物理世界中消费者在不同的空气质量下，容易触发不同的情绪状态，进而会引发在虚拟的游戏世界的不同行为，空气质量状况良好/不好情况下，会引发积极/消极情绪，从而导致有利于/降低游戏中的感知、游玩热情和探求刺激等行为，最终会使得消费者充值欲望和付费行为表现出不同的反应。因此，本书提出如下假设：

H1：空气质量正向影响手机游戏用户在手机游戏中的付费金额。

（二）空气质量、手机游戏用户任务完成效率和用户付费金额

正如前文分析的空气污染对于人的任务活动影响，空气污染对人的生产力

和工作效率都会产生负面的影响。空气污染对德国职业足球运动员的进球数目产生显著的负向影响;空气污染除了对户外劳动者的工作效率有影响外,同样对室内工人的劳动生产率也同样有着显著的负向影响,空气污染随着细颗粒物(PM2.5)(容易渗入到室内的污染物)的增加会导致工人生产力的显著降低(Lichter et al.,2017;Chang et al.,2016)。

空气质量关系到人的脑循环和能量代谢,因为人体的大脑所消耗的氧气占机体消耗氧气的很大部分,所以任何血液供应的变化都会影响人的大脑反应进而影响人的绩效表现,而良好的空气质量会让人的脑循环和代谢更健康,人的工作效率也会提高。空气污染物中的 PM2.5 的影响可以直接进入人的大脑,PM2.5 会导致记忆障碍、身体疲劳、注意力不集中和判断力下降,这些对人身体和机能的损害会间接地表现在对工作效率和任务完成效率的影响(Clarke et al.,1999;Kampa et al.,2008)。因此,本书提出如下假设:

H2:空气质量正向影响手机游戏用户任务完成效率。

研究发现,手机游戏玩家在心理状态不好的时候,玩游戏的通关时间或者歼灭敌人的数量就会显著减少,玩家的游玩效率对于玩家的游戏黏性具有重要的影响(Korhonen et al.,2008)。游戏中用户的任务完成效率和他们在游戏中的消费也有着紧密的联系。研究发现,玩家在游戏中的任务完成效率对于他们的社交行为没有本质影响,但是会影响他们在游戏中的购买行为,学者们通过对大型多人在线角色扮演游戏的研究发现,在游戏中效率更高的玩家在游戏的购买和消费行为上相比其他玩家更为突出(Huffaker et al.,2009)。因此,本书提出如下假设:

H3:手机游戏用户任务完成效率正向影响用户在手机游戏中的付费金额。

H4:手机游戏用户任务完成效率在空气质量和用户在手机游戏中的付费金额之间起着中介作用。

(三)空气质量、手机游戏用户的角色技能等级和用户付费金额

如前文所述,角色技能是手机游戏玩家在游戏中所表现出的角色能力的体

现，角色能力是游戏用户消费价值追求的重要组成部分，对于他们在游戏中的消费行为具有影响力。研究人员通过调查"天堂"的游戏用户在游戏中的购买行为，结果发现，"天堂"游戏用户交易游戏项目是为了获得更多乐趣，变得更强大，并向其他用户夸耀其等级的提升，强大的技能等级意味着游戏中用户角色价值的体现（Whang & Kim，2005）。手机游戏系统会根据游戏用户在游戏中的综合表现，区分每个用户的角色技能等级，并加以数值化，数值越高，代表该手机游戏用户的角色技能越强大。高角色技能等级的玩家相比角色技能等级低的玩家，在游戏中的投入会更多，沉浸体验也会更多（Griffiths & Dancaster 1995；Yee，2006；Wan & Chiou，2006；Consalvo，2008），因而，在外界环境对其消费行为的影响上，角色技能高的玩家和角色技能低的玩家会有所差异，角色技能会调节外界环境和付费金额的关系。因此，本书提出如下假设：

H5：角色能力等级在空气质量与手机游戏用户付费金额间的关系上起到减弱的调节作用。

（四）空气质量、手机游戏用户所处的竞争环境和用户付费金额

正如前文所述，和现实社会一样，在为游戏用户所打造的虚拟环境下，竞争性的压力同样是需要游戏玩家承受的，竞争越激烈，游戏用户付出的精力越多。

而角色扮演类游戏用户的重要任务之一就是击败所面对的敌人（无论是来自游戏系统设置的怪兽还是游戏竞争对手方出现的阻碍用户完成游戏任务的敌人）。在本书研究样本中，手机游戏用户在进行游戏的过程中，会面对竞争对手，竞争对手同样也拥有自己的所属组织和技能等级。游戏系统会根据他们所在的组织进行等级考核，对应着不同的等级指数，指数越高，意味着游戏用户面对的敌人技能越强大，该游戏用户面对的竞争环境越残酷。当手机游戏用户所面对的敌人的技能等级越高，他们完成任务通过关卡的难度越大，有的玩

家会选择继续游戏，有的手机游戏玩家可能会因为敌人太过强大，闯关难度系数太高而选择放弃付费充值或放弃游戏等。因此，本书提出如下研究假设：

H6：手机游戏用户所处的竞争环境在空气质量与手机游戏用户付费金额间的关系上起到减弱的调节作用。

（五）空气质量对手机游戏用户社交行为的影响

正如前文所分析的，在虚拟网络游戏中，成千上万的不同国家不同肤色的人们可能会使用虚拟角色与其他人实时互动，而此时手机游戏的便利性、虚拟角色的多边性对那些通过互联网进行社会交往的人们体现出无穷的吸引力（Lo et al.，2008）。多方面的研究也证实了，网络游戏社交是游戏消费者继续体验某类游戏的主要原因之一。研究人员基于大型多人在线角色扮演游戏的研究，得出结论，在线游戏中的社交互动是游戏乐趣的重要组成部分，虚拟游戏中的社交互动和玩家之间的互惠行为有利于增强游戏乐趣以及促进用户的消费（Chou，2003；Yee，2006；Martey，2007；Cole，2007；Nandwani，2011；Drachen，2018）。因此，本书提出如下研究假设：

H7：手机游戏用户的社交行为正向影响用户在手机游戏中的付费金额。

空气质量对于人的社交行为具有影响力。空气污染影响了人类的情感反应，包括人的认知、情感以及情感之外成分。此外，研究人员还通过实验以及访谈法研究空气污染的影响，揭示了空气污染导致的人的身体和大脑健康的变化可以通过多种方式来影响人的决策行为。间接地，健康可以通过改变身体资源的配置影响人的情感状态和决策结果。当空气质量良好的时候，人们更乐意做出亲社会行为和帮助他人，当空气质量变差，尤其是空气污染严重的时候，人们社交的欲望会降低，甚至产生社交冷漠心态（Grossman，1972；Evans，1981；Broadhead et al.，1983）。由此延伸到手机游戏中的用户社交行为，笔者推断，如果空气质量良好，手机游戏用户互赠礼品的行为会相对较多。因此，本书提出如下研究假设：

H8：空气质量正向影响用户在手机游戏中的社交行为。

H9：手机游戏用户的社交行为在空气质量和用户在手机游戏中的付费金额之间起中介作用。

概括之，基于本章内容的研究假设如表3－3所示。

表3－3　空气质量与手机游戏用户的消费行为的研究假设

序号	研究假设
H1	空气质量正向影响手机游戏用户在手机游戏中的付费金额。
H2	空气质量正向影响手机游戏用户任务完成效率。
H3	手机游戏用户任务完成效率正向影响用户在手机游戏中的付费金额。
H4	手机游戏用户任务完成效率在空气质量和用户在手机游戏中的付费金额之间起中介作用。
H5	角色能力等级在空气质量与手机游戏用户付费金额间的关系上起到减弱的调节作用。
H6	手机游戏用户所处的竞争环境在空气质量与手机游戏用户付费金额间的关系上起到减弱的调节作用。
H7	手机游戏用户的社交行为正向影响用户在手机游戏中的付费金额。
H8	空气质量正向影响手机游戏用户在手机游戏中的社交行为。
H9	手机游戏用户的社交行为在空气质量和用户在手机游戏中的付费金额之间起中介作用。

第五节　研究方法

在本节，笔者将重点介绍本书所采用的研究方法。从研究数据的收集整理、研究所涉及的变量度量、样本数据介绍等方面分析。同时，本书借鉴了前人的相关研究成果，以本书情境下构建的理论模型为基础，针对空气质量与手机游戏用户的消费行为构建了本部分的研究涉及的计量模型，为下一节的实证检验做好基础工作，确保研究的科学性和严谨性。

一、数据的收集

根据研究的需要，笔者以中国著名网络游戏公司完美世界作为调研对象，通过随机抽样获得有关手机游戏用户在游戏过程的使用和消费行为的相关数据。完美世界控股集团是全球化的文化娱乐产业集团，是中国文化企业"全产业链发展模式"的代表。长期以来，完美世界控股集团旗下产品遍布美、欧、亚等全球 100 多个国家和地区。凭借强大的技术实力、富有创意的游戏设计能力，以及对各地文化差异的深刻理解和丰富的市场经验，完美世界游戏推出了多款备受欢迎的明星游戏产品，从 PC 端游戏出发，先后进入了网页游戏、移动端网络游戏、电视游戏、VR 游戏领域，推出了《完美世界》《武林外传》《笑傲江湖 OL》等客户端网络游戏，以及手机游戏《神雕侠侣》、手机游戏《神魔大陆》等移动网络游戏。

其中，手机游戏《神雕侠侣》是动作角色扮演类游戏，该游戏体现的故事性、用户对自我价值的寻求、竞争性以及社交性等皆为动作角色扮演类游戏的特点。该游戏同样是动作角色扮演类游戏的典型。因此，选取《神雕侠侣》手机游戏中的用户使用和消费数据进行研究分析与本书的研究目的相一致。本书所用数据只用于学术研究，不做任何商业用途，符合中国相关法律规定①。

研究数据涉及从 2014 年 7 月 2 日到 2016 年 7 月 2 日期间②的抽样的消费者在游戏中的使用和消费记录数据。

---

① 2016 年 6 月 28 日，国家互联网信息办公室发布《移动互联网应用程序信息服务管理规定》，指出未经用户同意，不得收集用户的个人信息。基于此，合法的程序都会在安装或使用时明确征询用户的意见，一旦获得许可，就会收集用户个人信息用于经营的需要。

② 涵盖了该游戏正式推向市场的时间，不包含之前的公测等环节，数据的获取受企业要求和保密协议的限制。

二、研究所涉及的变量度量

笔者基于前人的理论和实践研究成果，在前文已进行了分析和归纳，将影响手机游戏用户付费和社交行为的因素归纳为五大类，分别是：手机游戏用户所处的外界环境等因素、手机游戏用户在游戏中角色能力价值等因素、手机游戏用户在游戏中视觉权威价值等因素、手机游戏用户所在的组织和竞争环境因素、手机游戏用户的技术服务适配性等因素。因而，涉及的变量为：用户付费金额、用户礼品赠送、空气质量、天气情况、节日和假期、游戏在市场上的流行性、用户任务完成效率、用户角色能力、用户的游戏涉入时长、用户的道具、用户的装备、用户自身所属的组织、用户竞争对手所属组织、系统适配性、网络稳定性等。

基于本书研究的情境，本书借鉴前人的研究成果，对变量进行了描述和度量。其中，因变量为手机游戏用户的付费金额、社交礼品赠送[①]，本书对付费金额和社交礼品赠送的数值取自然对数处理。本书重点关注的外部环境因素空气质量和天气情况是研究的解释变量，空气质量根据指数分为 1—6 级，6 级为空气质量最好；天气情况的测量根据 Li 等（2017）的度量方法，分为晴天/阴云/雨雪；其他自变量为：用户所处的外界环境方面的节日和假期、游戏流行性[②]。用户在游戏中的角色能力价值方面的任务完成效率、角色能力等级、

---

① 本游戏中，用户的社交礼品赠送（鲜花）是个人自主自愿的行为，无任何团体要求和强制性，用户在游戏过程中获得的鲜花要在完成游戏任务之后才能得到，用户自发将获得的鲜花赠送给其他用户，是社交的体现。学者们认为，社交礼品赠送（Giftgiving）是用户社交的量化表现（Nandwani，2011；Drachen，2018）。

② 在游戏流行性的度量上，目前由于各大应用商店按照下载量进行排行，本书为防止因为系统应用带来的选择误偏，采用当乐游戏中心的手机游戏排行榜，当乐游戏中心是国内手机游戏下载第一站，同时在安卓（Android）、苹果（IOS）、微软（Windows Phone）三大智能手机操作系统和 PC 端发布，成为国内首家在三大智能手机操作系统和 PC 端同时提供手机游戏免费下载服务的公司。

游戏涉入时长；用户在游戏中的视觉权威价值方面的道具、装备；用户所在的组织和竞争环境方面包括所属组织、竞争环境，度量上通过等级和等级差别进行测度；用户的技术服务适配性方面包括系统适配性和网络稳定性。具体的变量描述和度量详见表 3-4 所示。

表 3-4　变量的描述和度量

变量	描述和度量
因变量：手机游戏用户的消费行为（付费及社交）	
付费金额 （Lmoney）	手机游戏用户每次充值付费的金额，连续变量，取自然对数。
社交礼品赠送 （Lgiftgiving）	手机游戏用户赠送给他人的礼品数目，连续变量，取自然对数。
解释变量：用户所处的外界环境方面	
空气质量 （AQLev）	描述空气状况的无量纲指数。分为1—6级，6级为空气质量最好。
天气情况 （Weather）	描述天气的变化：晴天/阴云/雨雪。
用户所处的外界环境方面	
节日和假期 （Holiday）	如果游戏用户登录时间是节日和假期，那么为1；否则为0。
游戏流行性 （Gameranking）	游戏用户登录时，如果该款游戏在市场上的游戏流行排行榜上，那么为1；否则为0。
用户在游戏中角色能力价值方面	
任务完成效率 （Efficiency）	用户在游戏通关任务中的完成效率，数值越大，效率越高。
角色能力等级 （Playerskills）	用户在游戏中的角色技能等级。

（续表）

变量	描述和度量
游戏涉入时长 （Lplaytimes）	用户的游戏涉入时长，连续变量，取自然对数。
用户在游戏中视觉权威价值方面	
道具 （Petlev）	用户在游戏中使用的道具等级。
装备 （Equiprank）	用户在游戏中使用的装备等级。
用户所在的组织和竞争环境方面	
所属组织 （Grouplev）	用户所在的组织的等级。
竞争环境 （Competitive）	用户所面对的如果是竞争激烈的环境，那么为 1；否则为 0。
用户的技术服务适配性方面	
系统适配性 （System）	游戏用户的手机系统对于该款游戏适配性更好，那么为 1；否则为 0。
网络稳定性 （Internetconnect）	游戏用户使用的手机网络链接更稳定，那么为 1；否则为 0。

三、数据分析

通过研究中样本数据的情况对数据概况和表现进行分析，对研究所涉及的变量进行描述性统计分析以及变量的相关性分析，为下一步的计量模型设计和实证检验做好数据支撑。

研究样本数据涉及的时间段是《神雕侠侣》手机游戏从 2014 年 7 月 2 日到 2016 年 7 月 2 日期间的抽样数据，有效的手机游戏用户在 730 天里在该款手机游戏中的游戏活动和行为数据。从研究使用的样本数据分布来看，2014

年涉及 853 个观测值，占数据量的 8.4%；2015 年涉及的观测值是 6 334 个，占数据量的 62.4%；2016 年涉及的观测值为 2 964 个，占数据量的 29.2%。样本的分布情况如表 3 − 5 所示。

表 3 − 5　样本分布

时间	数目	百分比（%）
2014 年	853	8. 4
2015 年	6334	62. 4
2016 年	2964	29. 2
合计	10151	100

研究主要关注的因变量为：手机游戏用户的付费金额、社交礼品赠送。从样本分布图来看，手机游戏用户的付费金额呈现出正态分布的情况，手机游戏用户在游戏中社交礼品赠送数目的分布也呈现出正态分布，具体数据详见图 3 −2和图 3 −3 所示。

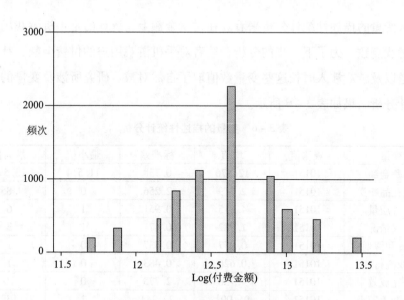

图 3 − 2　手机游戏用户付费金额分布

注：在该游戏中，用户付费充值可以用于购买游戏中的"点数"。

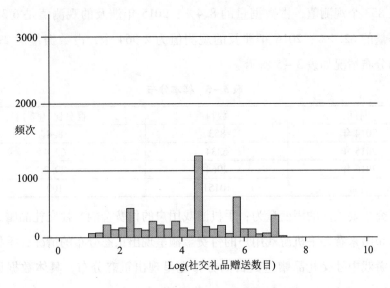

图 3－3　手机游戏用户社交礼品赠送分布

　　从变量的描述性统计分析来看。在付费金额上，统计的是手机游戏用户购买的游戏点数。为了下一步的分析，笔者对手机游戏用户的付费金额、社交礼品赠送以及游戏涉入时长这些变量数值取了自然对数。研究所涉及变量的描述性统计分析结果如表3－6所示。

表3－6　变量的描述性统计分析

变量	观测值	均值	标准差	最小值	最大值
付费金额	10151	12.470	0.738	11.514	13.596
社交礼品赠送	10151	2.619	2.256	0	9.852
空气质量	10151	4.815	0.951	1	6
天气情况	10151	1.982	0.471	1	3
节日和假期	10151	0.257	0.437	0	1
游戏流行性	10151	0.626	0.483	0	1
任务完成效率	10151	4.756	2.773	0	10
角色能力等级	10151	91.001	22.244	1	139
游戏涉入时长	10151	5.049	1.649	0	6.781
道具	10151	55.462	24.668	0	105
装备	10151	11.419	6.230	1	30

（续表）

变量	观测值	均值	标准差	最小值	最大值
所属组织	10151	5.442	6.740	1	60
竞争环境	10151	0.480	0.499	0	1
系统适配性	10151	0.519	0.499	0	1
网络稳定性	10151	0.679	0.467	0	1

注：表中的手机游戏用户的付费金额、社交礼品赠送以及游戏涉入时长，这些变量展示的是进行了自然对数处理的结果。

研究重点关注的自变量为：手机游戏用户登录时的空气质量情况和天气情况。从研究中数据表现出的空气质量情况分布来看，从空气质量优到空气质量严重污染的6个等级上，数据分布较为均衡，其中，空气质量为良的时候，占数据比例的21.5%，是数据中占比最多的。数据分布情况详见图3-4所示。

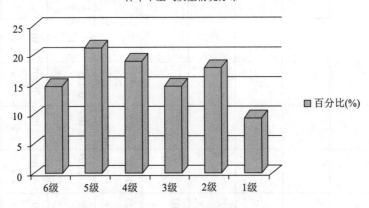

图3-4　空气质量情况分布

如前文所述，根据《环境空气质量指数（AQI）技术规定（试行）》（HJ 633—2012）规定，按照空气质量等级从优、良、轻度污染、中度污染、重度污染、严重污染进行正序分级。笔者对变量进行了相关性检验，斯皮尔曼检验相关系数结果详见表3-7所示。

表3-7 变量的相关性

变量	1	2	3	4	5	6	7	8	9	10	11	12	13	14	15
1. 付费金额	1														
2. 社交礼品赠送	0.071 ***	1													
3. 空气质量	0.076 ***	0.018 *	1												
4. 天气情况	-0.099 ***	0.024 **	-0.227 ***	1											
5. 节日和假期	-0.097 ***	-0.021 **	-0.037 ***	0.0100 ***	1										
6. 游戏流行性	0.179 ***	-0.064 ***	-0.157 ***	0.067 ***	0.050 ***	1									
7. 任务完成效率	0.410 ***	0.049 ***	0.059 ***	-0.069 ***	-0.087 ***	0.115 ***	1								
8. 角色能力等级	0.143 ***	-0.029 ***	0.180 ***	-0.196 ***	-0.027 ***	-0.207 ***	0.105 ***	1							
9. 游戏涉入时长	0.130 ***	-0.016 *	0.125 ***	-0.153 ***	-0.041 ***	-0.194 ***	0.064 ***	0.622 ***	1						

（续表）

变量	1	2	3	4	5	6	7	8	9	10	11	12	13	14	15
10. 道具	0.072***	-0.043***	0.073***	-0.037***	-0.122***	-0.080***	-0.00600	0.133***	0.115***	1					
11. 装备	0.068***	0.00100	0.037***	-0.018*	-0.0140	0.033***	0.029***	0.025***	0.021***	0.037***	1				
12. 所属组织	0.045***	-0.00600	-0.0120	0.040***	-0.0130	0.036***	0.048***	0.00300	0.00800	-0.0110	-0.00800	1			
13. 竞争环境	0.423***	0.058***	0.042***	-0.063***	-0.087***	0.099***	0.099***	0.083***	0.039***	-0.062***	0.013**	0.043***	1		
14. 系统适配性	-0.055***	-0.049***	0.00400	-0.022**	0.053***	0.090***	-0.189***	0.088***	0.066***	-0.053***	0.0120***	-0.026***	-0.173***	1	
15. 网络稳定性	0.042***	0.034***	0.00400	0.021**	-0.035***	-0.057***	0.124***	-0.057***	-0.039***	0.032***	0.0110***	0.025**	0.120***	-0.662***	1

N = 10151. *** $p < 0.01$, ** $p < 0.05$, * $p < 0.1$, two-tailed tests.

四、计量模型

根据 Malhotra & Birks（2006）研究方法的总结，分析过程将分为三步，即编码（Coding）、数据整理和制表（Data Entry & Tabulation）、以及统计分析（Statistical Analysis）。本书也严格按照 Malhotra & Birks 的研究分析方法，主要是对二手数据进行收集、整理和分析。

在本部分，空气质量与手机游戏用户的消费行为分析中，采用回归分析，着力探究空气质量与手机游戏用户付费行为以及用户社交行为的关系，分析模型参考 Hsiao（2016）的研究设计。在中介作用和调节作用检验方法上，因为数据的动态性，将考虑每个手机游戏用户在游戏中的个人技能等级、道具装备等发生的变化，对应不同的数值。基于充值的手机游戏用户，探究空气质量与手机游戏用户付费和社交行为的影响。

在中介作用检验上，根据中介效应检验程序及其应用方法，验证用户任务完成效率（Efficiency）在空气质量（AQLev）和付费金额（Lmoney）中的中介作用；检验用户社交礼品赠送（Lgiftgiving）在空气质量（AQLev）和付费金额（Lmoney）中的中介作用。考虑自变量（X）对因变量（Y）的影响，如果自变量（X）通过影响变量 M 来影响因变量（Y），则称 M 为中介变量。可以用如下回归方程描述变量间的关系：

$$Y = cX + e_1 \qquad\qquad (3-1)$$

$$M = aX + e_2 \qquad\qquad (3-2)$$

$$Y = c'X + bM + e_3 \qquad\qquad (3-3)$$

检验步骤为：第一步，检验方程（3-1）的回归系数 c，如果显著，继续下面的第二步；否则结束中介效应分析。第二步，做 Baron 和 Kenny 部分中介效应检验，即依次检验方程（3-2）的系数 a 和方程（3-3）的系数 b，如果都显著，则意味着自变量（X）对因变量（Y）的影响至少有一部分是通过中介变量（M）实现的，继续第三步；如果至少有一个系数不显著，此时不能下

结论，转到第四步。第三步，做 Judd 和 Kenny 完全中介检验，即检验方程（3
－3）系数 c'，如果不显著，说明是完全中介效应，自变量 X 对因变量 Y 的影
响都是通过中介变量 M 来实现的。如果 c' 显著，说明只是部分中介效应，即
X 对 Y 的影响有一部分是通过 M 实现的，结束检验。第四步，做 Sobel 检验，
如果显著，意味着 M 的中介效应显著，否则中介效应不显著，结束检验（温
忠麟等，2004）。

在调节作用的检验上，验证用户角色能力等级以及用户所处的竞争环境的
调节作用，采用在回归方程中分布加入交互项：空气质量（AQLev）×用户角
色能力等级（Playerskills），空气质量（AQLev）×用户所处的竞争环境
（Competitive），来验证变量的调节作用。

本部分的研究中计量方法的多样性和分阶段，模型参考 Hsiao（2016）的
研究设计，以保证测量结果的稳健性。本部分的主要模型如下：

主要模型一：

$$Lmoney_{ijt} = \alpha AQLev_{jt} + W_{jt} + H_{jt} + Gr_t + Ef_{ijt} + Pls_{ijt} + LPt_{ijt} + Pet_{ijt} + EQ_{ijt} + G_{ijt}$$
$$+ C_{ijt} + S_{ijt} + IS_{ijt} + \lambda_i + \delta_j + \varepsilon_{ijt}$$

主要模型二：

$$Lmoney_{ijt} = \alpha AQLev_{jt} + Pls_{ijt} + AQLev_{jt} * Pls_{ijt} + W_{jt} + H_{jt} + Gr_t + Ef_{ijt} + LPt_{ijt} +$$
$$Pet_{ijt} + EQ_{ijt} + G_{ijt} + C_{ijt} + S_{ijt} + IS_{ijt} + \lambda_i + \delta_j + \varepsilon_{ijt}$$

主要模型三：

$$Lmoney_{ijt} = \alpha AQLev_{jt} + C_{ijt} + AQLev_{jt} * C_{ijt} + W_{jt} + H_{jt} + Gr_t + Ef_{ijt} + Pls_{ijt} + LPt_{ijt}$$
$$+ Pet_{ijt} + EQ_{ijt} + G_{ijt} + S_{ijt} + IS_{ijt} + \lambda_i + \delta_j + \varepsilon_{ijt}$$

主要模型四：

$$Lgiftgiving_{ijt} = \alpha AQLev_{jt} + W_{jt} + H_{jt} + Gr_t + Pls_{ijt} + LPt_{ijt} + Pet_{ijt} + EQ_{ijt} + G_{ijt} +$$
$$C_{ijt} + S_{ijt} + IS_{ijt} + \lambda_i + \delta_j + \varepsilon_{ijt}$$

其中，Lmoney 为付费金额；Lgiftgiving 为社交礼品赠送；AQLev 为空气质
量；天气情况 Weather，简写为 W；节日和假期 Holiday，简写为 H；游戏流行

性 Gameranking，简写为 Gr；任务完成效率 Efficiency，简写为 Ef；角色能力等级 Playerskills，简写为 Pls；游戏涉入时长 Lplaytimes，简写为 LPt；道具 Petlev，简写为 Pet；装备 Equiprank，简写为 EQ；所属组织 Grouplev，简写为 G；竞争环境 Competitive，简写为 C；系统适配性 System，简写为 S；网络稳定性 Internetconnect，简写为 IS。

符号代表的含义：$Lmoney_{ijt}$：在 t 时间城市 j 的第 i 个游戏用户充值付费的金额数；$Lgiftgiving_{ijt}$：在 t 时间城市 j 的第 i 个游戏用户社交互动次数（礼品赠送）；$AQLev_{jt}$：在 t 时间城市 j 的空气质量；W_{jt}：在 t 时间城市 j 的天气情况；H_{jt}：在 t 时间城市 j 的节日或假期；Gr_t：在 t 时间该款手机游戏在市场上的流行性；Pls_{ijt}：在 t 时间城市 j 的第 i 个游戏用户的角色能力等级；LPt_{ijt}：在 t 时间城市 j 的第 i 个游戏用户的游戏涉入时长；Pet_{ijt}：在 t 时间城市 j 的第 i 个游戏用户的道具等级；EQ_{ijt}：在 t 时间城市 j 的第 i 个游戏用户的装备等级；G_{ijt}：在 t 时间城市 j 的第 i 个游戏用户的所属组织等级；C_{ijt}：在 t 时间城市 j 的第 i 个游戏用户所处的竞争环境；S_{ijt}：在 t 时间城市 j 的第 i 个游戏用户的系统适配性；IS_{ijt}：在 t 时间城市 j 的第 i 个游戏用户的网络链接稳定性；$AQLev_{jt} \times Pls_{ijt}\lambda_i$：在 t 时间城市 j 的第 i 个游戏用户角色技能等级和空气质量的乘积；$AQLev_{jt} \times C_{ijt}$：在 t 时间城市 j 的第 i 个游戏用户所处的竞争环境和空气质量的乘积；λ_i：个体固定效应；δ_j：年月日的固定效应；ε_{ijt}：误差项。

主要模型一是空气质量对于手机游戏用户付费行为（付费金额）的主效应检验。然后基于该模型，在实证分析过程中，还会验证手机游戏用户的任务完成效率是否起到了中介效应。

主要模型二是检验手机游戏用户角色能力等级在空气质量与手机游戏用户付费金额上是否起到调节作用。

主要模型三是检验手机游戏用户所处的竞争环境在空气质量与手机游戏用户付费金额上是否起到调节作用。

主要模型四是检验空气质量对于手机游戏用户付费行为（社交赠送礼品）

的主效应检验。然后基于该模型，在实证分析过程中，还会继续验证手机游戏用户的社交行为是否在用户付费金额上起到中介效应。

第六节　实证检验结果

为了让实证检验更加科学，笔者检验了变量的方差膨胀因子[①]。检验出的VIF 值为 1.43。说明研究变量之间不存在多重共线性。

一、假设检验和结果讨论

本部分的实证检验涉及的研究假设为 H1—H9。实证检验结果详见表 3 - 8—表 3 - 12 所示。

从表 3 - 8 的回归结果可以看出，空气质量正向显著性地影响手机游戏用户的充值付费金额。游戏在市场上的流行性、用户任务完成效率、角色能力等级、游戏涉入时长、道具、装备、竞争环境等因素同样对于手机游戏用户的付费金额有正向显著性影响作用。另外，节日和假期对于手机游戏用户付费金额产生负向显著性影响。

因此，假设 H1：空气质量正向影响手机游戏用户在手机游戏中的付费金额，得到支持。

接下来，笔者将在模型一（1）和模型一（2）的基础上，验证和分析手机游戏用户任务完成效率在空气质量和用户充值金额上的中介作用。

---

① 方差膨胀因子（Variance Inflation Factor，VIF）是指解释变量之间存在多重共线性时的方差与不存在多重共线性时的方差之比。方差膨胀因子是容忍度的倒数，VIF 越大，显示共线性越严重。经验判断方法表明：当 0 < VIF < 10，不存在多重共线性；当 10 ≤ VIF < 100，存在较强的多重共线性；当 VIF ≥ 100，存在严重多重共线性。

表 3 - 8　空气质量与手机游戏用户的付费金额回归结果

因变量	付费金额	
	模型一（1）	模型一（2）
空气质量	0.0587 * * * （7.65）	0.0353 * * * （5.03）
天气情况		- 0.0474 * * * （- 5.29）
节日和假期		- 0.0916 * * * （- 6.16）
游戏流行性		0.285 * * * （20.54）
任务完成效率		0.00803 * * * （3.51）
角色能力等级		0.00219 * * * （5.82）
游戏涉入时长		0.0379 * * * （7.55）
道具		0.00236 * * * （8.90）
装备		0.000562 * * * （5.48）
所属组织		0.00258 * * * （2.72）
竞争环境		0.575 * * * （42.96）
系统适配性		0.0107 （0.62）

（续表）

因变量	付费金额	
	模型一（1）	模型一（2）
网络稳定性		0.0138
		(0.76)
常数	12.19 * * *	11.31 * * *
	(323.54)	(195.12)
时间效应	Yes	Yes
个体效应	Yes	Yes
N	10151	10151
R^2	0.0057	0.2431

注：括号内的数字为回归系数对应的 t 统计量的值；* $p < 0.10$, * * $p < 0.05$, * * * $p < 0.01$。

表 3 – 9　空气质量、手机游戏用户任务完成效率与

手机游戏用户的付费金额回归结果

因变量	付费金额	任务完成效率	付费金额
	模型一（3）	模型一（4）	模型一（5）
空气质量	0.0358 * * *	0.0589 * * *	0.0353 * *
	(5.09)	(1.93)	(5.03)
天气情况	– 0.0475 * * *	– 0.0120 * * *	– 0.0474 * * *
	(– 5.29)	(– 0.31)	(– 5.29)
节日和假期	– 0.0921 * * *	– 0.0588 * * *	– 0.0916 * * *
	(– 6.56)	(– 0.91)	(– 6.16)
游戏流行性	0.285 * * *	– 0.008 * * *	0.285 * * *
	(20.52)	(– 0.13)	(20.54)
角色技能等级	0.00217 * * *	– 0.00281 * * *	0.00219 * * *
	(5.76)	(– 1.72)	(5.82)

（续表）

因变量	付费金额	任务完成效率	付费金额
	模型一（3）	模型一（4）	模型一（5）
游戏涉入时长	0.0383＊＊＊	0.0487＊＊	0.0379＊＊＊
	(7.62)	(2.24)	(7.55)
道具	0.00237＊＊＊	0.00166＊	0.00236＊＊＊
	(8.94)	(1.45)	(8.90)
装备	0.00558＊＊＊	－0.00488	0.00562＊＊＊
	(5.44)	(－1.10)	(5.48)
所属组织	0.00258＊＊	－0.000207	0.00258＊＊＊
	(2.72)	(－0.05)	(2.72)
竞争环境	0.575＊＊＊	0.0706＊＊＊	0.575＊＊＊
	(42.98)	(1.22)	(42.96)
系统适配性	0.0102	－0.0660	0.0107
	(0.59)	(－0.87)	(2.01)
网络稳定性	0.0131	－0.0931	0.0138
	(0.72)	(－1.18)	(0.76)
任务完成效率			0.00803＊＊＊
			(3.51)
常数	11.35＊＊＊	4.554＊＊＊	11.31＊＊＊
	(198.89)	(18.40)	(195.12)
时间效应	Yes	Yes	Yes
个体效应	Yes	Yes	Yes
N	10151	10151	10151
R^2	0.2422	0.0018	0.2431

注：括号内的数字为回归系数对应的 t 统计量的值；＊ $p < 0.10$，＊＊ $p < 0.05$，＊＊＊ $p < 0.01$。

从表 3 - 9 的回归结果可以看出，空气质量正向显著性地影响手机游戏用户任务完成效率，用户任务完成效率越高，通过游戏关卡任务越容易，因为闯到下一关卡需要再充值才能继续游戏，因此，手机游戏用户效率越高，用户充值付费金额越多。实证研究结果也显示出，在空气质量和手机游戏用户充值付费金额的关系上，用户任务完成效率具有中介效应。

因此，假设 H2：空气质量正向影响手机游戏用户任务完成效率，得到支持。假设 H3：手机游戏用户任务完成效率正向影响用户在手机游戏中的付费金额，得到支持。假设 H4：手机游戏用户任务完成效率在空气质量和用户在手机游戏中的付费金额之间起中介作用，得到支持。

表 3 - 10　空气质量、手机游戏用户角色能力等级与

手机游戏用户的付费金额回归结果

因变量	付费金额			
	模型二（1）	模型二（2）	模型二（3）	模型二（4）
空气质量	0.0587 * * *	0.0401 * * *	0.384 * * *	0.145 * * *
	(7.65)	(5.19)	(11.05)	(4.61)
角色能力等级		0.00443 * * *	0.0230 * * *	0.00814 * * *
		(13.39)	(12.38)	(4.80)
空气质量×角色能力等级			− 0.00385 * * *	− 0.00123 * * *
			(− 10.15)	(− 3.59)
天气情况				− 0.0482 * * *
				(− 5.37)
节日和假期				− 0.0917 * * *
				(− 6.17)
游戏流行性				0.277 * * *
				(19.69)
任务完成效率				0.00773 * * *
				(3.38)

（续表）

因变量	付费金额			
	模型二（1）	模型二（2）	模型二（3）	模型二（4）
游戏涉入时长				0.0367＊＊＊
				（7.31）
道具				0.00234＊＊＊
				（8.83）
装备				0.00560＊＊＊
				（5.47）
所属组织				0.00251＊＊＊
				（2.65）
竞争环境				0.572＊＊＊
				（42.65）
系统适配性				0.00949
				（0.54）
网络稳定性				0.0132
				（0.72）
常数	12.19＊＊＊	11.87＊＊＊	10.23＊＊＊	10.80＊＊＊
	（323.54）	（269.45）	（61.04）	（70.9）
时间效应	Yes	Yes	Yes	Yes
个体效应	Yes	Yes	Yes	Yes
N	10151	10151	10151	10151
R^2	0.0057	0.0230	0.0328	0.2441

注：括号内的数字为回归系数对应的 t 统计量的值；＊ $p < 0.10$，＊＊ $p < 0.05$，＊＊ $p < 0.01$。

从表 3 - 10 的回归结果可以看出，模型二（3）中加入了交互项空气质量与角色能力等级的乘积后，系数为 - 0.00385，在模型二（4）中又继续加入了其他的控制变量，交互项空气质量与角色能力等级的乘积系数为 - 0.00123，同样是非常显著的，空气质量的主效应在模型二（1）、模型二（2）、模型二（3）和模型二（4）中也都是非常显著的。

从结果可以看出，在空气质量和游戏用户付费金额的关系上，用户的角色能力等级起到减弱的调节作用。可以理解为，随着游戏用户角色技能的增加，空气质量对玩家充值的正效应减弱。另一层游戏中的实践逻辑是，伴随着手机游戏用户技能的不断提升，用户满足了在游戏中的闯关体验，充值效应也会减弱。调节效应如图3－5所示。

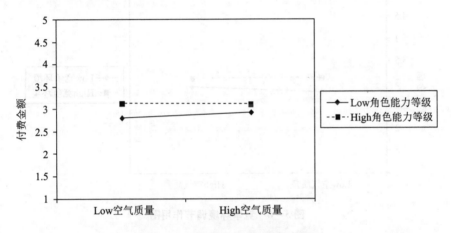

图3－5　角色能力等级调节作用图

因此，假设 H5：角色能力等级在空气质量与手机游戏用户付费金额间的关系上起到减弱的调节作用，得到支持。

从表3－11的回归结果可以看出，模型三（3）中加入了交互项空气质量与竞争环境的乘积后，系数为－0.00822，在模型三（4）中又继续加入了其他控制变量，交互项空气质量与竞争环境的乘积系数为－0.00513，依然是非常显著的，空气质量的主效应在模型三（1）、模型三（2）、模型三（3）和模型三（4）中亦是非常显著的。

从结果可以看出，在空气质量和游戏用户付费金额的关系上，手机游戏用户竞争环境起到减弱的调节作用。可以理解为，随着游戏用户竞争越来越激烈，空气质量对手机游戏用户充值的正效应减弱。另一层游戏中的实践逻辑是，伴随着手机用户面对竞争对手等级的不断提升，用户因为闯关难度太大，闯关体验变差，用户闯不过关卡，成就感变低，充值金额也会减少。调节效应如图3-6所示。

因此，假设 H6：手机游戏用户所处的竞争环境在空气质量与手机游戏用户付费金额间的关系上起到减弱的调节作用，得到支持。

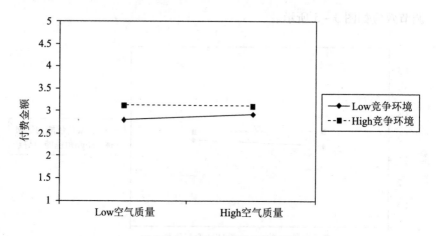

图3-6 竞争环境调节作用图

表3-11 空气质量、手机游戏用户所处竞争环境与

手机游戏用户的付费金额回归结果

因变量	付费金额			
	模型三（1）	模型三（2）	模型三（3）	模型三（4）
空气质量	0.0587＊＊＊	0.0449＊＊＊	0.0485＊＊＊	0.0375＊＊＊
	（7.65）	（6.45）	（5.23）	（4.08）
竞争环境		0.621＊＊＊	0.661＊＊＊	0.600＊＊＊
		（46.83）	（9.57）	（8.97）
空气质量×竞争环境			－0.00822＊＊	－0.00513＊＊
			（－0.58）	（－0.38）

（续表）

因变量	付费金额			
	模型三（1）	模型三（2）	模型三（3）	模型三（4）
天气情况				-0.0476＊＊＊
				（-5.30）
节日和假期				-0.0917＊＊＊
				（-6.16）
游戏流行性				0.286＊＊＊
				（20.54）
任务完成效率				0.00800＊＊＊
				（3.49）
角色能力等级				0.00219＊＊＊
				（5.80）
游戏涉入时长				0.0378＊＊＊
				（7.54）
道具				0.00236＊＊＊
				（8.90）
装备				0.00563＊＊＊
				（5.49）
所属组织				0.00259＊＊＊
				（2.73）
系统适配性				0.0106
				（0.61）
网络稳定性				0.0137
				（0.75）
常数	12.19＊＊＊	11.96＊＊＊	11.94＊＊＊	11.30＊＊＊
	（323.54）	（346.36）	（263.92）	（179.18）

（续表）

因变量	付费金额			
	模型三（1）	模型三（2）	模型三（3）	模型三（4）
时间效应	Yes	Yes	Yes	Yes
个体效应	Yes	Yes	Yes	Yes
N	10151	10151	10151	10151
R^2	0.0185	0.1153	0.1173	0.3481

注：括号内的数字为回归系数对应的 t 统计量的值；* $p<0.10$，** $p<0.05$，*** $p<0.01$。

从表 3-12 的回归结果可以看出，模型四（2）显示了良好的空气质量正向显著性地影响手机游戏用户的社交礼品赠送，模型四（3）显示了社交礼品赠送越多，游戏用户的社交体验越好，从而正向影响游戏用户付费金额。实证结果还显示出，用户所处的竞争环境正向显著地影响手机游戏用户的社交礼品赠送；游戏的流行性、用户的角色能力等级、道具等级负向显著性地影响手机游戏用户的社交礼品赠送。这也符合文献回顾中一些研究者的发现，游戏用户在游戏中有不同的使用动机，对于更多追求功能性成就感的游戏用户来说，对于手机游戏的使用满足有别于从游戏中寻求社交动机的用户。

因此，实证检验结果证明了，在空气质量和手机游戏用户充值付费金额的关系上，用户的社交行为具有中介效应。

因而，假设 H7：手机游戏用户的社交行为正向影响用户在手机游戏中的付费金额，得到支持。假设 H8：空气质量正向影响手机游戏用户在手机游戏中的社交行为，得到支持。假设 H9：手机游戏用户的社交行为在空气质量和用户在手机游戏中的付费金额之间起中介作用，得到支持。

表 3 – 12　空气质量与手机游戏用户的社交行为回归结果

因变量	付费金额	社交礼品赠送	付费金额
	模型四（1）	模型四（2）	模型四（3）
空气质量	0.0353 * * *	0.0463 * * *	0.0343 * * *
	(5.03)	(16.15)	(4.90)
天气情况	− 0.0474 * * *	0.0839 * * *	− 0.00492 * * *
	(− 5.29)	(2.68)	(− 5.50)
节日和假期	− 0.0916 * * *	− 0.0853	− 0.0898 * * *
	(− 6.16)	(− 1.64)	(− 6.05)
游戏流行性	0.285 * * *	− 0.362 * * *	0.293 * * *
	(20.54)	(− 7.45)	(21.11)
任务完成效率	0.00803 * * *		0.00806 * * *
	(3.51)		(3.53)
角色能力等级	0.00219 * * *	− 0.00410 * * *	0.00228 * * *
	(5.82)	(− 3.11)	(6.07)
游戏涉入时长	0.0379 * * *	− 0.00111	0.0379 * * *
	(7.55)	(− 0.06)	(7.57)
道具	0.00236 * * *	− 0.00401 * * *	0.00245 * * *
	(8.90)	(− 4.33)	(9.25)
装备	0.00562 * * *	0.00172	0.00558 * * *
	(5.48)	(0.48)	(5.46)
所属组织	0.00258 * * *	− 0.00265	0.00264 * * *
	(1.64)	(− 0.80)	(2.79)
竞争环境	0.575 * * *	0.273 * *	0.569 * * *
	(42.96)	(5.85)	(42.56)
系统适配性	0.0107	− 0.1160	0.0133
	(0.62)	(− 1.91)	(0.76)

（续表）

因变量	付费金额	社交礼品赠送	付费金额
	模型四（1）	模型四（2）	模型四（3）
网络稳定性	0.0138	0.0133	0.0135
	(0.76)	(0.21)	(0.74)
社交礼品赠送			0.0219 * * *
			(7.72)
常数	11.31 * * *	2.993 * * *	11.24 * * *
	(195.12)	(15.03)	(192.48)
时间效应	Yes	Yes	Yes
个体效应	Yes	Yes	Yes
N	10151	10151	10151
R^2	0.2431	0.0143	0.2475

注：括号内的数字为回归系数对应的 t 统计量的值；* $p < 0.10$，* * $p < 0.05$，* * * $p < 0.01$。

二、稳健性检验

针对数据中游戏用户 IP（位置）呈现的变化趋势，结合游戏中存在的代练代打现象①，将数据进行了再次细分和识别，根据游戏用户 IP 同一时间内变化过多并且跨越位置超出正常区域范围，视为存在代打代练现象，从而生成新的数据集 A（观察值为 11646）；根据游戏用户 IP 在游戏中几乎不发生变化的非常稳定的状态，从而再生成新的数据集 B（观测值 4365）。对两份新的数据集做稳健性验证。实证检验结果如表 3 - 13 所示。

---

① 电竞霸王：《游戏代打合法化？电子竞技员成为正式职业，包含代打以及陪练活动》，https：//www. sohu. com/a/305805533_ 100185866？ sec = wd.

表 3 - 13 稳健性检验回归结果

因变量	付费金额		
	模型 A	模型 B	模型一（2）
空气质量	0.0381 * * *	0.0527 * * *	0.0353 * * *
	(5.09)	(6.48)	(5.03)
天气情况	- 0.0291 * * *	- 0.0529 * * *	- 0.0474 * * *
	(- 4.92)	(- 4.73)	(- 5.29)
节日和假期	- 0.0827 * * *	- 0.0406 * *	- 0.0916 * * *
	(- 5.20)	(- 2.21)	(- 6.16)
游戏流行性	0.297 * * *	0.281 * * *	0.285 * * *
	(19.98)	(20.03)	(20.54)
任务完成效率	0.00879 * * *	0.00793 * * *	0.00803 * * *
	(3.59)	(2.74)	(3.51)
角色能力等级	0.00241 * * *	0.00826 * * *	0.00219 * * *
	(5.75)	(12.76)	(5.82)
游戏涉入时长	0.0369 * * *	0.0289 * * *	0.0379 * * *
	(7.11)	(4.81)	(7.55)
道具	0.00258 * * *	0.000193	0.00236 * * *
	(9.15)	(0.61)	(8.90)
装备	0.00604 * * *	0.00483 * * *	0.00562 * * *
	(5.61)	(4.06)	(5.48)
所属组织	- 0.0126 * * *	- 0.0153 * * *	0.00258 * * *
	(- 13.46)	(- 15.00)	(2.72)
竞争环境	0.516 * * *	0.512 * * *	0.575 * * *
	(34.88)	(29.50)	(42.96)
系统适配性	0.00363	0.0813 * * *	0.0107
	(0.19)	(3.81)	(0.62)

（续表）

因变量	付费金额		
	模型 A	模型 B	模型一（2）
网络稳定性	0.0206	− 0.00638	0.0138
	(1.06)	(− 0.29)	(0.76)
常数	12.53＊＊＊	12.64＊＊＊	11.31＊＊＊
	(114.47)	(103.21)	(195.12)
时间效应	Yes	Yes	Yes
个体效应	Yes	Yes	Yes
N	11646	4365	10151
R^2	0.2496	0.2724	0.2431

注：括号内的数字为回归系数对应的 t 统计量的值；＊ $p < 0.10$，＊＊ $p < 0.05$，＊＊＊ $p < 0.01$。

检验方法得出的研究结果与本书的回归结果保持一致，这在一定程度上表明了本书结果的稳健性。

表 3 - 14 假设检验结果

序号	研究假设	结论
H1	空气质量正向影响手机游戏用户在手机游戏中的付费金额。	支持
H2	空气质量正向影响手机游戏用户任务完成效率。	支持
H3	手机游戏用户任务完成效率正向影响用户在手机游戏中的付费金额。	支持
H4	手机游戏用户任务完成效率在空气质量和用户在手机游戏中的付费金额之间起中介作用。	支持
H5	角色技能等级在空气质量与手机游戏用户付费金额间的关系上起到减弱的调节作用。	支持

112

（续表）

序号	研究假设	结论
H6	手机游戏用户所处的竞争环境在空气质量与手机游戏用户付费金额间的关系上起到减弱的调节作用。	支持
H7	手机游戏用户的社交行为正向影响用户在手机游戏中的付费金额。	支持
H8	空气质量正向影响手机游戏用户在手机游戏中的社交行为。	支持
H9	手机游戏用户的社交行为在空气质量和用户在手机游戏中的付费金额之间起中介作用。	支持

本章小结

　　本章主要研究空气质量与手机游戏用户的消费行为。在该部分，基于使用与满足理论、修正的消费价值理论和气象营销新理论，根据前人对于网络游戏消费行为的研究成果，结合了本书的手机游戏消费行为的研究情境，构建了空气质量与手机游戏用户在游戏中的消费和社交行为的影响因素模型。笔者对模型中涉及的变量的情境概念、内涵界定进行了说明，探究空气质量与手机游戏用户的付费行为以及社交行为的关系，并提出研究假设，为后续的研究分析以及实践策略的制定提供参考依据。

　　本书在探讨空气质量与手机游戏用户的消费行为时，也借鉴了前人有关网络游戏和手机移动网络游戏的消费者行为的研究成果，通过对相关研究模型的分析，笔者认为，使用与满足理论和修正的消费价值理论可用以研究游戏用户在游戏中的付费和社交等行为，但是，这些模型都是基于游戏环节层面以及消费者心理和效用层面的研究和使用，而笔者所研究的手机网络游戏用户在游戏中的购买行为是属于虚拟世界中的消费，虚拟世界中的消费不同于现实社会的消费，虚拟世界中购买的道具装备无法在现实生活场景中使用。因此，本书采用修正的消费价值理论作为模型建构的基础理论，整合理论涉及的有效变量，在气象营销新理论的基础上扩展和融入手机网络游戏使用和消费情境下的外部变量（空气质量），构建手机网络游戏用户使用和付费以及社交行为的影响因素模型。这是基于本书情境，笔者在以往研究的基础上，进行了新的研究模型的建构。

笔者将本书中的"付费"定义为：在手机游戏打造的虚拟世界环境下，手机游戏用户参与游戏这个虚拟世界里的活动，并产生实际的货币购买和支付行为。将本书中的"社交"定义为：在手机游戏打造的虚拟世界环境下，手机游戏用户参与游戏这个虚拟世界里的活动，并和其他手机游戏用户进行互动和赠送礼品的行为。继而，开始分析哪些因素会影响手机游戏用户的付费行为以及社交行为。

通过梳理，笔者发现，空气污染让人产生的心霾会影响人的工作效率，而手机游戏用户在游戏中的游戏效率以及状态和他们在游戏中的付费行为具有紧密的关联，因此，空气质量这个属于现实世界的外部环境的影响因素应该并且非常值得纳入我们对虚拟世界消费行为的研究中。而天气情况和手机游戏用户的消费行为也息息相关，不能忽视天气情况的影响作用。节日和假期对于人们在现实生活中的消费模式和金额有着一定的影响力，同样不能忽视它对于手机游戏消费行为的影响。手机游戏在市场上的流行性排名对于游戏用户在手机游戏中的支付意愿同样具有一定的影响力。因此，空气质量、天气情况、节日和假期以及手机游戏在市场上的流行性这些因素构成了手机游戏用户所处的外部环境。

在手机游戏用户所处的游戏环境下，手机游戏玩家在游戏中所表现出的任务完成效率、角色能力以及游戏涉入时长对于他们的购买和消费行为具有一定的影响力。因此，用户任务完成效率、用户角色能力、用户的游戏涉入时长等因素构成了手机游戏用户在游戏中的角色能力价值。

在手机游戏用户所处的游戏环境下，手机游戏玩家在游戏中所使用的游戏道具、游戏装备对于他们的付费和社交行为具有一定的影响力。因此，用户的道具和装备构成了手机游戏用户在游戏中的视觉权威价值。

在手机游戏用户所处的游戏环境下，手机游戏玩家在游戏中所属的组织、手机游戏用户所处的竞争环境对于他们的付费和社交行为具有一定的影响力。因此，用户自身所属的组织和用户竞争对手所属组织构成了手机游戏用户在游戏中的组织和竞争环境。

在手机游戏用户所处的游戏环境下，手机游戏玩家手机系统的适配性、网络链接的稳定性对于他们的付费和社交行为具有一定的影响力。因此，系统适配性、网络链接稳定性构成了手机游戏用户的技术服务适配性。

概述之，笔者基于前人的研究结论，将影响手机游戏用户付费和社交行为的因素归纳为五大类，分别是：手机游戏用户所处的外界环境等因素、手机用户在游戏中角色能力价值等因素、手机用户在游戏中视觉权威价值等因素、用户所在的组织和竞争环境因素、用户的技术服务适配性等因素。因而，涉及的变量为：用户是否付费、用户付费金额、用户礼品赠送、空气质量、天气情况、节日和假期、游戏在市场上的流行性、用户任务完成效率、用户角色能力、用户的游戏涉入时长、用户的道具、用户的装备、用户自身所属的组织、用户所处的竞争环境、系统适配性、网络稳定性等。之后，笔者基于研究情境，提出了研究假设。

研究方法部分，在数据收集上，笔者以中国著名网络游戏公司完美世界作为调研对象，获得有关手机游戏消费者使用和消费情况记录的相关数据。以《神雕侠侣》手机网络游戏为数据来源，开展研究。在研究所涉及的变量度量上，笔者基于相关理论和实践研究成果，根据本书的情境，对变量的内涵和度量进行了介绍和说明。

在数据分析中，笔者分别对研究所涉及的变量进行了数据在研究中占比分析和可视化分布图概况分析，对于变量进行了描述性统计分析以及斯皮尔曼相关系数检验，确保数据检验的科学性。在计量模型的构建上，笔者根据研究问题，进行了计量模型设计、回归方法以及中介效应和调节作用的检验。同时进行了研究稳健性检验。

空气质量与手机游戏用户的消费行为的研究中，实证检验结果显示，空气质量正向显著性地影响手机游戏用户的充值付费金额。其中，游戏用户任务完成效率起到中介效应，具体体现在，空气质量正向显著性地影响手机游戏用户任务完成效率，用户任务完成效率越高，用户充值付费金额越多。在空气质量和游戏用户付费金额的关系上，用户的角色能力等级起到减弱的调节作用。在空气质量和游戏用户付费金额的关系上，手机游戏用户所处的竞争环境起到减弱的调节作用。研究结果还显示出，手机游戏用户的社交行为正向影响用户在手机游戏中的付费金额；空气质量正向影响手机游戏用户在手机游戏中的社交行为；在空气质量和手机游戏用户充值付费金额之间，用户的社交行为起中介作用。

在本章，笔者重点探讨和研究了空气质量与手机游戏用户的消费行为。在下一章，笔者将探讨另一重要的外部环境变量——天气情况，研究天气对手机游戏用户消费行为的影响。

| 第四章 |
天气与手机游戏用户的消费行为

前一章，笔者主要探讨了空气质量与手机游戏用户消费行为的关系。本章研究内容主要聚焦天气对手机游戏用户消费行为的影响，结合研究情境进行探讨。

随着互联网的迅速发展以及 App 在手机端下载的可操作性的增强，手机网络游戏已被越来越多的人下载和使用。手机游戏作为一种新兴的娱乐方式深受手机网民的喜爱，这和它的便捷性以及内容的逐渐丰富密不可分，不论身处何时何地，手机用户都可以随时打开手机游戏 App，玩手机游戏不受时间和场合的约束。甚至不少手机游戏玩家每年在手机游戏上的消费金额已超乎人们的想象。根据前文的梳理，可以发现，消费者所处的现实生活中的外界环境情况诸如空气质量会影响他们在虚拟世界中的消费，同样，在手机游戏中的消费也和天气状态密切相关，因为天气情况会直接影响到人的生理、心理，从而间接支配人们的消费行为，因此，我们也应该将现实环境中的天气情况纳入考虑和研究范围，探讨天气情况对手机游戏用户在虚拟网络世界中的消费行为的影响。

从经济学角度看，天气的变化总是会引发一系列经济现象。经济学中所说的"一度效应"就是指当气温相差 1 摄氏度或降水量增减 1 毫米的时候，对于商场和客流量及销量都有明显的影响。施瓦茨（Schwarz，2013）在《气候经济学》的研究中说明了天气情况和经济有着紧密的关联，因为天气情况会影响人们的行为和反应，所引发的整体经济影响是很客观的，他在研究中举了一个和人们的生活相关的例子，比如当夏天变得比之前更暖，每十个德国人中就会有一人比去年多买一件 T 恤衫，这样算下来，总量就额外多了八百多万件。天气的每个转变虽然不会立即产生效应，但是人们对天气的经验将会引发他们决策的改变从而对他们的消费行为产生影响。

从管理学的角度来看，天气情况对于消费行为的影响已得到学界不同程度的关注，譬如大数据时代下，基于情境营销理论的气象营销新概念的提出（李晨溪 & 姚唐，2019）。然而，以往学者们对于天气的影响分析都基于现实的生活环境。笔者认为，在移动互联逐渐成为一种生活形态的当下，有必要结合独特的消费情境和消费行为，比如移动互联网游戏消费进行新的研究和探索，从而在理论和管理策略两个层面获得新成果。

为此，本章以研究天气与手机游戏用户的消费行为为目的，结合手机网络游戏消费情境的相关要素，构建天气与手机游戏用户消费行为的模型，界定研究所涉及的变量内涵和构念，探究天气情况与手机游戏用户的付费行为以及社交行为的关系，并提出研究假设、进行数据分析、计量模型设计和实证检验。

第一节　天气与手机游戏用户的付费行为

天气情况作为外部环境气象因素的重要组成部分，对于人的行为同样具有影响。在本节中，笔者主要基于以往的研究模型和学者观点，结合本书的研究情境，考虑手机游戏用户在游戏内的相关因素，同时也考虑游戏外的天气情况对用户的影响作用，厘清天气对手机游戏用户付费行为的影响机制。

一、天气影响消费者情绪

天气会影响人们的消费情绪。阳光导致人的生理结构和状态发生变化进而引发心情和情绪的改变，晴天有利于消费者产生愉悦的情绪，相反，人们在下雨的天气情况下会产生消极的感觉（Klimstra et al.，2011；Conlin et al.，2007）。以往学者通过在餐厅进行的天气情况对消费者付费影响的实验中发现，晴天有助于消费者产生愉悦的情绪（Cunningham，1979）。研究人员基于天气的移动促销的现场实验数据检验不同天气条件下，消费者对于产品和促销的反应。结果发现，晴天和阴雨天气具有主效应，在阳光明媚的天气情况下，消费者对促销的响应程度更高且响应速度更快，而在下雨天的购买响应程度更低且速度更慢（Li et al.，2017）。天气的变化还会影响消费者在零售实体店中以及网络在线购物的消费支出，研究者们发现，餐厅中的室内照明如果可以接近日光的效果，将有助于降低消费者的负面情绪，从而有利于提升餐厅的销售量；网络在线购物者如果在晴朗的天气环境下会选择更多的产品，消费支出也比阴雨天气的环境下要多（Kyle et al.，2010；Yonat et al.，2013）。

二、天气影响付费行为

天气会影响人们的日常消费计划。天气对消费计划影响的最直接证据发生在实体购物场所，研究人员发现天气情况会对人们的日常购物行为具有影响，甚至会产生选择性偏差，研究结果表明，天气的变化为消费者的购物决策提供了线索，当降雨量增加的时候，购物中心的人流量就会显著地减少，这也同样改变了人们原有的消费计划。天气不但改变人们原有的消费计划，还会引发冲动购买行为，研究发现，阳光照射使大脑产生更多的血清素，从而改善了人的情绪，同样，由于正面投射偏差，研究人员发现，消费者在晴朗的天气下购买敞篷车的概率会增加，尽管未来会发现他们对于敞篷车的购买有些冲动，尤其是在雨天和雪天的时候，消费者的后悔情绪会更严重。气候变化和天气情况对于户外旅游景点的销量有着重要影响，人们会根据降水和温度等变化改变旅游路线和行程选择，有时候在天气特别晴朗的日子，甚至会突发并不在计划内的旅游想法，来一场说走就走的旅行（Parsons，2001；Busse et al.，2015；Craig et al.，2018）。

三、天气影响消费后的认知

心理学和直觉预测表明阳光明媚与乐观情绪有关。心情好时，人们对未来前景更加趋于乐观评估（Hirshleifer & Shumway，2003）。比如，人们对于购买的金融产品的市场情况和风险认知就是紧密相联的（Saunders，1993；Trombley，1997；Hirshleifer & Shumway，2003；Goetzmann & Zhu，2005）。研究表明，天气对于人们的股票交易后的预期判断和认知具有一定影响，主要是基于情绪一致性的影响机理，晴天和雨天导致的情绪差异会影响股票交易者的理性判断和选择，从而影响股票收益，阴雨天气会给股票市场交易者带来抑郁消沉的情绪，从而造成股票收益率下降。还有研究者通过对纳斯达克股票的交易情况的研究发现，在遭受暴风雪袭击的城市中，所在城市的股票交易公司的交易量会大幅下降（Saunders，1993；Loughran，2004）。

通过对天气情况和人们消费行为的相关研究分析，我们发现天气情况和人们的心情以及情绪变化有着较强的联系，尤其是当天气晴朗的时候，人们心理正面效应增加，消费者的支出就趋于增加，而当天气为阴雨的时候，人们心理负面效应增加，消费者支出会趋于减少。

天气情况同样对人们的消费计划和风险认知具有影响力。因此，在手机网络游戏的场景下，天气情况会关系到手机游戏用户在游戏中的情绪状态以及付费充值的时候是否会产生冲动情绪，甚至影响手机游戏用户对现在付费对于未来是否具有价值的风险预判。因此，可以说，天气情况和手机游戏用户在游戏中的付费金额具有紧密的关联。

第二节　天气与手机游戏用户的社交行为

在本节中，主要结合本书的研究情境，通过前文文献回顾和研究的理论基础，借鉴以往的研究模型和学者研究观点，考虑手机游戏用户在游戏内的相关因素，同时也考虑游戏外的天气情况对用户的影响作用，厘清天气情况对于手机游戏用户社交行为的影响机制。

在前文中，笔者介绍了本书中"社交"的定义：在手机游戏打造的虚拟世界环境下，手机游戏用户参与游戏这个虚拟世界里的活动，并和其他手机游戏用户进行互动和赠送礼品的行为。

一、天气影响人的社交情绪

不同的天气情况下，天气对于人际交往的情绪会产生不同的影响。研究人员发现，人们在极端天气下会出现更多的抑郁症状和焦虑等负面情绪，在人际沟通中表现出压力、恐惧和不信任。此外，还有研究人员从天气应用程序数据入手，发现当天气应用程序用户处于多雨和恶劣天气（诸如风暴和飓风）时，人们的情绪会特别糟糕，相比之下，人们在阳光灿烂的日子里，情绪会更好，更乐于和他人交流与互动。当天气晴朗、阳光普照大地的时候，人们会更乐于帮助他人，阳光与帮助的正相关性不能归因于温度，无论是夏季还是冬季，阳光都是主要的影响变量（Hsiang et al., 2013；Rosman, 2013）。因此，可以看出，阳光明媚的天气与人们积极的社交情绪相联系，阴雨天气与人们负面的社交情绪相关联。

二、天气影响人的社交决策

行为经济学家基于偏好揭示人们的互惠行为和经济效益（Cartwright，2011）。在虚拟网络游戏中，成千上万的不同国家不同肤色的人们可能会使用虚拟角色与其他人实时互动，手机游戏的便利性、虚拟角色的多边性对那些通过互联网进行社会交往的人们有着无穷的吸引力（Loet al.，2005）。网络游戏社交是游戏消费者继续体验某类游戏的主要原因之一，因为现实世界社交需求无法得到满足，从而促动人们借助网络游戏获取社交乐趣。游戏公司通过任务关卡设计，包括组队合作，建立门派社团等，鼓励游戏用户们积极地进行互动交流，从而保持游戏忠诚度和消费热情。在手机游戏中，用户之间互送礼物就是互惠行为表现形式（Chuen et al.，2006），而手机游戏用户赠送礼物的数量也正是他们社交决策的体现，因而，天气对于他们的社交决策就具有牵动的影响。

如前文所述，不同的天气情况对于帮助他人的行为会产生影响，光照和助人行为呈现显著的正相关关系，因此，当晴天的时候，人们会更愿意帮助他人，而阴雨天时，助人行为会相对减少（Cunningham，1979）。

通过对天气情况和人们社交行为的相关研究分析，不难发现，天气情况和人们的社交情绪有着较强的联系，尤其是天气晴朗的时候，人们心理正面效应增加，会引发积极的社交情绪，当天气为阴雨的时候，人们心理负面效应增加，会导致消极的社交情绪。天气情况同样对人们的社交决策具有影响力。因此，在手机网络游戏的场景下，天气情况会关系到手机游戏用户在游戏中的人际交往互动的情绪状态以及社交决策。因此，可以说，天气情况和手机游戏用户在游戏中的社交行为具有紧密的关联。

第三节　模型建构

本书在构建手机游戏用户付费和社交行为的影响因素基础模型时，在借鉴前人相关研究理论和模型的基础上，整合了消费价值理论和气象营销的研究理念，构念出模型的几大变量分类，分别是用户的付费行为、用户的社交行为、用户在游戏中角色能力价值等因素、用户在游戏中视觉权威价值等因素以及用户的技术服务适配性等因素（具体涉及手机游戏用户游戏内层面和外部环境层面的影响价值因素分析以及变量的提炼和构念详见第三章中的具体分析，此处不再赘述）。

鉴于此，本书重点关注处于虚拟游戏环境下的手机游戏用户身处的外部环境因素如何影响他们的付费和社交行为，在有关游戏用户消费行为研究中相似变量的研究基础上（Park et al.，2011；Guo et al.，2012；Hsiao et al.，2016），重点考察天气情况这个外部气象因素对于手机游戏用户付费和社交行为的影响机制。前一章中，笔者通过分析和研究，揭示了空气质量对于手机游戏用户消费行为的影响机理，发现了手机游戏用户的任务完成效率在空气质量和消费行为中的中介作用。通过本章的理论梳理，笔者发现，天气的影响主要通过对消费者情绪和心理的作用继而改变和影响他们的消费行为。这和空气质量对于消费行为的影响机制是有所区别的。

在相关理论模型假设和前人实证研究的基础上，本书基于以上变量构建了针对天气情况对手机游戏用户消费行为的影响模型（见图4-1），关于研究中的变量定义和研究假设将在下一节的变量构念及研究假设部分说明。

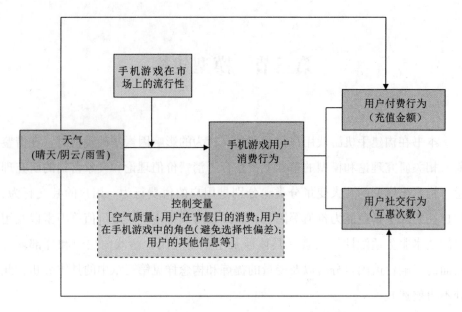

图 4 -1 天气对手机游戏用户消费行为的影响模型

第四节 变量构念及研究假设

一、变量构念

本书根据手机游戏特有的研究情境和样本特点，基于修正的消费价值理论和气象营销新理论，参考以往学者们的相关研究和变量构念以及衡量方法，在研究情境中，笔者做了变量内涵的提炼和挖掘，同时根据本书的样本特色进行了模型上的适当修正和调整，将涉及的研究变量分为七大类，分别是：用户的付费行为、用户的社交行为、用户所处的外界环境等因素、用户在游戏中角色能力价值等因素、用户在游戏中视觉权威价值等因素、用户所在的组织和竞争环境因素以及用户的技术服务适配性等因素，对变量内涵的提炼详见前文表 3 - 1。

二、研究假设

（一）天气情况对手机游戏用户付费金额的影响

如前所述，天气会影响情绪，心理学研究表明阳光明媚与乐观情绪有关，阳光使人产生愉悦的情绪，人们心情好的时候比不好的时候对未来判断更乐观（Hirshleifer & Shumway，2003）。天气会通过影响人的情绪并影响消费者的理性判断和消费预期，基于情绪一致性效应，在晴天的情况下消费者容易拥有积极的情绪，对于交易和未来预期抱有更乐观的想法，更愿意尝试购买，从而有利于公司的收益率提升（Saunders，1993）。阴雨天气消费者会产生抑郁和消沉的情绪，从而造成公司的收益率下降；在特定手机游戏环境下，要消费和进一步的体验需要游戏充值付费，而手机游戏用户的付费行为会受制于外界天气情况。因此，本书提出如下研究假设：

H10：阴雨天气负向影响手机游戏用户在手机游戏中的付费金额。

（二）天气、手机游戏的流行性和用户付费行为

正如前文所述，天气情况影响手机游戏用户的社交决策，而一款手机游戏在市场上的流行性、排名情况就变成人们使用黏性的参考和影响依据。对消费者来说，主动参考移动应用排名是一种有效的方式，消费者的决策行为也受到移动应用排名的高度影响，消费者对排名靠前的手机应用的支付意愿显著高于排名靠后的手机应用，因此，该款游戏的流行性对于手机游戏用户的消费计划和消费决策就会产生一定的影响力，在天气对手机游戏用户付费行为的影响上起到一定的作用。因此，本书提出如下研究假设：

H11：手机游戏的流行性在天气与手机游戏用户付费行为间的关系上起到

减弱的调节作用。

（三）天气情况对手机游戏用户社交行为的影响

行为经济学家基于偏好揭示人们的互动社交行为和经济效益。在虚拟网络游戏中，来自线下不同国家不同地区的用户们可能会使用虚拟角色与其他人实时互动，手机游戏的便利性、虚拟角色的多边性对那些通过互联网进行社会交往的人们有着无穷的吸引力。网络游戏社交是游戏消费者继续体验某类游戏的主要原因之一。因为现实世界社交需求无法得到满足，从而促动人们借使网络游戏获取社交乐趣。游戏公司通过任务关卡设计，包括组队合作，建立门派社团等，鼓励游戏用户们积极地进行互动交流，从而保持游戏忠诚度和消费热情。在手游中，用户之间互送礼物和游戏道具就是互惠行为的表现形式（Cartwright，2011；Lo et al.，2005；Martey，2007；Chuen et al.，2006）。如果手机游戏消费者与好友游戏内人际互动越多，而这种互惠会使得消费者对该游戏的忠诚度越高，更愿意在游戏中进行购买等消费行为。

如前所述，天气情况会影响助人行为，光照和助人行为呈现显著的正相关关系，阴雨天时，人的助人行为会相对减少（Cunningham，1979）。由此延伸到手游的消费，笔者推断，如果在阴雨天气下，手机游戏用户们互赠礼品行为会相对较少。因此，本书提出如下研究假设：

H12：阴雨天气负向影响手机游戏用户在手机游戏中的社交行为。

概括之，基于本章内容的研究假设如表4-1所示。

表4-1　天气与手机游戏用户的消费行为的研究假设

假设序号	研究假设
H10	阴雨天气负向影响手机游戏用户在手机游戏中的付费金额。
H11	手机游戏的流行性在天气与手机游戏用户付费行为间的关系上起到减弱的调节作用。
H12	阴雨天气负向影响手机游戏用户在手机游戏中的社交行为。

第五节　研究方法

在本节，笔者将重点介绍研究方法。研究所涉及的变量度量、样本数据介绍和分析。同时，本书借鉴了前人的相关研究成果，以本书情境下构建的理论模型为基础，针对天气与手机游戏用户的消费行为构建了本部分的研究涉及的计量模型，为下一节的实证检验做好研究的基础工作，确保研究的科学性和严谨性。

一、数据的收集

研究数据涉及从 2014 年 7 月 2 日到 2016 年 7 月 2 日期间抽样的《神雕侠侣》手机游戏用户（不涉及用户私人信息，用户信息已脱敏）使用和消费记录的数据。

二、研究所涉及的变量度量

笔者在前文已进行了分析和归纳，将影响手机游戏用户付费和社交行为的因素归纳为五大类，分别是：手机游戏用户所处的外界环境等因素、手机游戏用户在游戏中角色能力价值等因素、手机游戏用户在游戏中视觉权威价值等因素、手机游戏用户所在的组织和竞争环境因素、手机游戏用户的技术服务适配性等因素。因而，涉及的变量为：用户是否付费、用户付费金额、用户礼品赠送、空气质量、天气情况、节日和假期、游戏在市场上的流行性、用户任务完成效率、用户角色能力、用户的游戏涉入时长、用户的道具、用户的装备、用户自身所属的组织、用户竞争对手所属组织、系统适配性、网络稳定性等。基于本书的情境，变量的描述和度量，详见第三章的表 3 - 4，此处不赘。

三、数据分析

通过对研究所涉及变量进行描述性统计分析以及变量的相关性分析，为下一步的计量模型设计和实证检验做好数据支撑。

研究样本数据涉及的时间段是《神雕侠侣》手机游戏从 2014 年 7 月 2 日到 2016 年 7 月 2 日期间的抽样数据，手机游戏用户在 730 天里在该款手机游戏中的游戏活动和行为数据。从研究使用的样本数据分布来看，2014 年涉及 853 个观测值，占数据总量的 8.4%；2015 年涉及的观测值是 6 334 个，占数据总量的 62.4%；2016 年涉及的观测值为 2 964 个，占数据总量的 29.2%。样本的时间分布情况参见表 3 – 5。

研究主要关注的因变量为：手机游戏用户的付费金额、社交礼品赠送。从数据分布图来看，手机游戏用户的付费充值获得游戏点数的付费金额呈现出正态分布的情况。手机游戏用户在游戏中社交礼品赠送数目的分布也呈现出正态化分布。具体数据表现情况详见前文图 3 – 2 手机游戏用户付费金额分布和图 3 – 3 手机游戏用户社交礼品赠送分布所示。

从研究中数据表现出的天气情况分布来看，晴天、阴天和雨天的占比较为均衡，其中，天气情况为晴天的时候占数据比例的 26.6%，阴天的时候占数据比例为 32.2%。数据分布情况详见图 4 – 2 所示。

四、计量模型

根据 Malhotra & Birks（2006）研究方法的总结，分析过程将分为三步，即编码（Coding）、数据整理和制表（DataEntry & Tabulation）以及统计分析（Statistical Analysis）。本书也严格按照 Malhotra & Birks 的研究分析方法，主要是对二手数据进行收集、整理和分析。

在本部分，天气与手机游戏用户的消费行为分析中，模型参考 Hsiao（2016）的研究设计，采用回归分析，着力探究天气情况与手机游戏用户付费

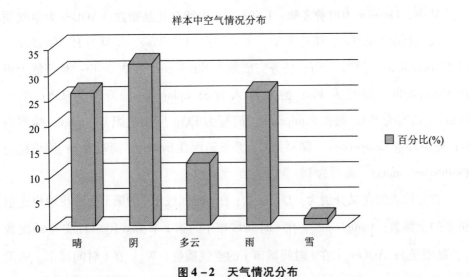

图 4 - 2　天气情况分布

行为以及用户社交行为的关系。鉴于数据的动态性，将考虑每个手机游戏用户在游戏中的个人技能等级、道具装备等发生的变化，对应不同的数值。基于充值的手机游戏用户，研究天气对手机游戏用户付费和社交行为的影响。

在调节作用的检验上，验证用户角色能力等级以及用户竞争对手组织的调节作用，采用在回归方程中分布加入交互项：天气（Weather）×游戏流行性（Gameranking）来验证变量的调节作用。主要分析模型如下：

主要模型五：

$$Lmoney_{ijt} = \alpha W_{jt} + AQLev_{jt} + H_{jt} + Gr_t + Ef_{ijt} + Pls_{ijt} + LPt_{ijt} + Pet_{ijt} + EQ_{ijt} + G_{ijt} + C_{ijt} + S_{ijt} + IS_{ijt} + \lambda_i + \delta_j + \varepsilon_{ijt}$$

主要模型六：

$$Lmoney_{ijt} = \alpha W_{jt} + Gr_t + W_{jt} \times Gr_t + AQLev_{jt} + H_{jt} + Ef_{ijt} + Pls_{ijt} + LPt_{ijt} + Pet_{ijt} + EQ_{ijt} + G_{ijt} + C_{ijt} + S_{ijt} + IS_{ijt} + \lambda_i + \delta_j + \varepsilon_{ijt}$$

主要模型七：

$$Lgiftgiving_{ijt} = \alpha W_{jt} + AQLev_{jt} + H_{jt} + Gr_t + Pls_{ijt} + LPt_{ijt} + Pet_{ijt} + EQ_{ijt} + G_{ijt} + C_{ijt} + S_{ijt} + IS_{ijt} + \lambda_i + \delta_j + \varepsilon_{ijt}$$

其中，Lmoney 为付费金额；Lgiftgiving 为社交礼品赠送；AQLev 为空气质量；天气情况 Weather，简写为 W；节日和假期 Holiday，简写为 H；游戏流行性 Gameranking，简写为 Gr；任务完成效率 Efficiency，简写为 Ef；角色能力等级 Playerskills，简写为 Pls；游戏涉入时长 Lplaytimes，简写为 LPt；道具 Petlev，简写为 Pet；装备 Equiprank，简写为 EQ；所属组织 Grouplev，简写为 G；竞争环境 Competitive，简写为 C；系统适配性 System，简写为 S；网络稳定性 Internetconnect，简写为 IS。

符号代表的含义分别为：$Lmoney_{ijt}$：在 t 时间城市 j 的第 i 个游戏用户充值付费的金额数；$Lgiftgiving_{ijt}$：在 t 时间城市 j 的第 i 个游戏用户社交互动次数（礼品赠送）；$AQLev_{jt}$：在 t 时间城市 j 的空气质量；W_{jt}：在 t 时间城市 j 的天气情况；H_{jt}：在 t 时间城市 j 的节日或假期；Gr_t：在 t 时间该款游戏在市场上的流行性；Pls_{ijt}：在 t 时间城市 j 的第 i 个游戏用户的角色能力等级；LPt_{ijt}：在 t 时间城市 j 的第 i 个游戏用户的游戏涉入时长；Pet_{ijt}：在 t 时间城市 j 的第 i 个游戏用户的道具等级；EQ_{ijt}：在 t 时间城市 j 的第 i 个游戏用户的装备等级；G_{ijt}：在 t 时间城市 j 的第 i 个游戏用户的所属组织等级；C_{ijt}：在 t 时间城市 j 的第 i 个游戏用户所处的竞争环境；S_{ijt}：在 t 时间城市 j 的第 i 个游戏用户的系统适配性；IS_{ijt}：在 t 时间城市 j 的第 i 个游戏用户的网络链接稳定性；$W_{jt} \times Gr_t$：在 t 时间城市 j 的天气和手机游戏流行性的乘积；λ_i：个体固定效应；δ_j：年月日的固定效应；ε_{ijt}：误差项。

主要模型五是空气情况对于手机游戏用户付费行为（付费金额）的主效应检验。

主要模型六是检验该款手机游戏在市场上的流行性在天气情况与手机游戏用户付费金额上是否起到调节作用。

主要模型七是天气情况对于手机游戏用户付费行为（社交赠送礼品）的主效应检验。

130

第六节　实证检验结果

一、假设检验和结果讨论

本部分的实证检验涉及的研究假设为 H10—H12。实证检验结果如表 4-2—表 4-6 所示。

表 4-2　天气情况与手机游戏用户的付费金额回归结果

因变量	付费金额	
	模型五（1）	模型五（2）
天气情况	-0.0988 * * * (-10.06)	-0.0474 * * * (-5.29)
空气质量		0.0353 * * * (5.03)
节日和假期		-0.0916 * * * (-6.16)
游戏流行性		0.285 * * * (20.54)
任务完成效率		0.00803 * * * (3.51)
角色能力等级		0.00219 * * * (5.82)
游戏涉入时长		0.0379 * * * (7.55)

（续表）

因变量	付费金额	
	模型五（1）	模型五（2）
道具		0.00236 * * *
		(8.90)
装备		0.00562 * * *
		(5.48)
所属组织		0.00258 * * *
		(2.72)
竞争环境		0.575 * * *
		(42.96)
系统适配性		0.0107
		(0.62)
网络稳定性		0.0138
		(0.76)
常数	12.67 * * *	11.31 * * *
	(609.26)	(195.12)
时间效应	Yes	Yes
个体效应	Yes	Yes
N	10151	10151
R^2	0.0099	0.2431

注：括号内的数字为回归系数对应的 t 统计量的值；$* \ p < 0.10$，$* * \ p < 0.05$，$* * * \ p < 0.01$。

从表 4-2 的回归结果可以看出，阴雨天气负向显著性地影响手机游戏用户的充值付费金额。游戏在市场上的流行性、用户任务完成效率、角色能力等级、游戏涉入时长、道具、装备、所属组织和竞争环境等因素对于手机游戏用户的付费金额同样具有正向显著性影响。

因此，假设 H10：阴雨天气负向影响手机游戏用户在手机游戏中的付费金额，得到支持。

表 4 – 3　天气情况、游戏流行性与手机游戏用户付费金额回归结果

因变量	付费金额			
	模型六（1）	模型六（2）	模型六（3）	模型六（4）
天气情况	– 0.0988 * * * （ – 10.06）	– 0.111 * * * （ – 11.50）	– 0.101 * * * （ – 6.52）	– 0.0108 * （ – 0.76）
游戏流行性		0.284 * * * （19.15）	0.317 * * * （7.62）	0.402 * * * （10.63）
天气情况 × 游戏流行性			– 0.0167 * * （ – 0.84）	– 0.0590 * * * （ – 3.31）
空气质量				0.0351 * * * （5.00）
节日和假期				– 0.0909 * * * （ – 6.11）
任务完成效率				0.00795 * * * （3.47）
角色能力等级				0.00234 * * * （6.16）
游戏涉入时长				0.0375 * * * （7.49）
道具				0.00235 * * * （8.87）
装备				0.00560 * * * （5.46）
所属组织				0.00262 * * * （2.77）

（续表）

因变量	付费金额			
	模型六（1）	模型六（2）	模型六（3）	模型六（4）
竞争环境				0.575 * * * (43.00)
系统适配性				0.0106 (0.61)
网络稳定性				0.0134 (0.73)
常数	12.67 * * * (609.26)	13.00 * * * (338.49)	13.00 * * * (234.45)	11.23 * * * (178.80)
时间效应	Yes	Yes	Yes	Yes
个体效应	Yes	Yes	Yes	Yes
N	10151	10151	10151	10151
R^2	0.0099	0.0444	0.0445	0.2439

注：括号内的数字为回归系数对应的 t 统计量的值；* $p < 0.10$，* * $p < 0.05$，* * * $p < 0.01$。

从表 4 - 3 的回归结果可以看出，模型六（3）中加入了交互项天气情况与游戏流行性的乘积后，系数为 - 0.0167，在模型六（4）中又继续加入了其他控制变量，交互项天气情况与游戏流行性的乘积系数为 - 0.0596，同样是非常显著的，天气的主效应在模型六（1）、模型六（2）、模型六（3）和模型六（4）中都是非常显著的。从中可以看出，在天气和游戏用户付费金额的关系上，游戏在市场上的流行性起减弱的调节作用。调节效应如图 4 - 3 所示。因此，假设 H11：手机游戏的流行性在天气与手机游戏用户付费行为间的关系上起到减弱的调节作用，得到支持。

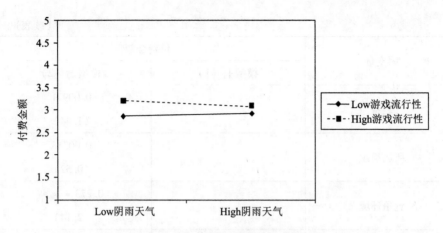

图 4 - 3　游戏流行性调节作用图

表 4 - 4　天气情况与手机游戏用户社交行为回归结果

因变量	付费金额	
	模型七（1）	模型七（2）
天气情况	- 0. 0724 * * *	- 0. 0696
	（2. 40）	（- 1. 15）
空气质量		0. 737 * * *
		（16. 15）
节日和假期		- 0. 0480
		（- 0. 47）
游戏流行性		- 0. 211 *
		（- 2. 31）
角色能力等级		0. 00167
		（0. 78）
游戏涉入时长		- 0. 0641 * *
		（- 2. 24）
道具		- 0. 00514 * * *
		（- 2. 94）

（续表）

因变量	付费金额	
	模型七（1）	模型七（2）
装备		0.00971
		(1.44)
所属组织		0.00318
		(0.52)
竞争环境		0.273＊＊＊
		(2.14)
系统适配性		－0.116
		(－1.91)
网络稳定性		0.0133
		(0.21)
常数	2.475＊＊＊	2.993
	(38.72)	(15.03)
时间效应	Yes	Yes
个体效应	Yes	Yes
N	10151	10151
R²	0.0006	0.0143

注：括号内的数字为回归系数对应的 t 统计量的值；＊ p＜0.10，＊＊ p＜0.05，＊＊ p＜0.01。

从表4-4的回归结果可以看出，阴雨天气对于手机游戏用户的社交礼品赠送没有显著性的影响。竞争环境对于用户社交礼品赠送有正向影响作用。

因此，假设 H12：阴雨天气负向影响手机游戏用户在手机游戏中的社交行为，未能得到支持。

二、稳健性检验

似不相关回归（seemingly unrelated regression，简称 SUR），即各个方程的变量之间没有内在联系，但各方程的随机扰动项之间存在相关性（Zellner，1962）。在本书的模型中，手机游戏用户付费行为和社交行为的影响模型的随机扰动项之间可能存在相关性。因此，采用似不相关回归可以提高估计效率。

表 4-5　SUR 回归结果

变量	模型 C	模型 D
空气质量	0.0327 * * *	0.0448 * * *
	(0.000)	(0.000)
天气情况	− 0.0476 * * *	0.0847 * * *
	(0.000)	(0.007)
节日和假期	− 0.0891 * * *	− 0.0816 * *
	(0.000)	(− 2.21)
游戏流行性	0.2787 * * *	0.3647 * * *
	(0.000)	(0.000)
任务完成效率	0.0204 * * *	0.0087 * * *
	(0.000)	(0.000)
角色能力等级	0.0021 * * *	0.0042 * * *
	(0.000)	(0.000)
游戏涉入时长	0.0341 * * *	0.0034 * * *
	(0.000)	(0.000)
道具	0.0016 * * *	0.0044 * * *
	(0.000)	(0.000)
装备	0.0051 * * *	0.0015 * * *
	(0.000)	(0.000)

（续表）

变量	模型 C	模型 D
所属组织	0.0023 * *	0.0028
	(0.015)	(0.398)
竞争环境	0.0067 * * *	0.0045 * * *
	(0.000)	(0.000)
系统适配性	0.0036	0.1178 *
	(0.837)	(0.053)
网络稳定性	0.0114	0.0121
	(0.534)	(0.849)
常数	10.89 * * *	2.66 * * *
	(0.000)	(0.000)
时间效应	Yes	Yes
个体效应	Yes	Yes
N	10151	10151
R^2	0.2313	0.0142

注：括号内的数字为 p 值；* $p < 0.10$，* * $p < 0.05$，* * * $p < 0.01$。

检验方法得出的研究结果与本书回归结果中变量的弹性系数符号稳定，显著性结果一致，这在一定程度上表明了研究结果的稳健性。

因此，本章的实证检验结果如表 4-6 所示。

表 4-6　假设检验结果

序号	研究假设	结论
H10	阴雨天气负向影响手机游戏用户在手机游戏中的付费金额。	支持
H11	手机游戏的流行性在天气与手机游戏用户付费行为间的关系上起到减弱的调节作用。	支持
H12	阴雨天气负向影响手机游戏用户在手机游戏中的社交行为。	不支持

本章小结

本章主要研究天气情况与手机游戏用户的消费行为。在该部分，基于前人对于网络游戏消费行为的研究成果，结合了本书手机游戏消费行为的研究情境，笔者构建了天气情况与手机游戏用户在游戏中的消费和社交行为的影响因素模型，对模型中的涉及的变量的情境概念、内涵界定进行了说明，探究天气情况与手机游戏用户的付费行为以及社交行为的关系。

本书在探讨天气情况与手机游戏用户的消费行为时，也参考了前人相关的研究成果，通过对以往研究模型的分析，本书扩展和融入手机网络游戏使用和消费情境下的新增外部变量（天气情况），构建手机网络游戏用户付费以及社交行为的影响因素模型。这是基于本书研究情境，笔者在以往研究的基础上，进行了新的研究模型的建构。

笔者基于前人的研究结论，将影响手机游戏用户付费和社交行为的因素归纳为五大类，分别是：手机游戏用户所处的外界环境等因素、手机用户在游戏中角色能力价值等因素、手机用户在游戏中视觉权威价值等因素、用户所在的组织和竞争环境因素、用户的技术服务适配性等因素。因而，涉及的变量为：用户是否付费、用户付费金额、用户礼品赠送、空气质量、天气情况、节日和假期、游戏在市场上的流行性、用户任务完成效率、用户角色能力、用户的游戏涉入时长、用户的道具、用户的装备、用户自身所属的组织、用户所处的竞争环境、系统适配性、网络链接稳定性等。

通过梳理，笔者发现，天气影响人的消费情绪。晴天有利于消费者产生愉悦的情绪，相反，人们在下雨的天气情况下会产生消极的感觉。在阳光明媚的天气情况下，消费者会产生更多的购买行为，而在下雨天的时候，消费者对于产品的购买响应和促销反应会更低和更慢。

天气影响消费行为，而游戏的流行性和人的消费决策密切相关。天气的变化为消费者的购物决策提供了线索，当降雨量增加的时候，购物中心的人流量就会显著地减少，这也同样改变着人们原有的消费计划。天气不但改变人们的原有消费计划，还会引发冲动购买行为。消费者会主动搜索手机应用的排名情况，因而消费者的决策行为也受到手机游戏应用排名的高度影响。天气影响消费后的认知。天气会通过影响人的情绪并影响消费者的理性判断和消费预期，基于情绪一致性效应，阴天消费者会产生抑郁和消沉的情绪，从而造成公司的收益率下降；在晴天的情况下消费者容易拥有积极的情绪，对于交易和未来预期抱有更乐观的想法，更愿意尝试购买，从而有利于公司的收益率提升。天气影响人的社交情绪。在不同的天气情况下，天气对于人际交往的情绪会产生不同的影响。阳光与积极的社交情绪联系起来，阴雨天气与负面的社交情绪相关联。天气情况同样对人们的社交决策具有影响力。不同的天气情况会影响人们帮助他人的行为，光照和助人行为呈现显著的正相关关系，因此，当晴天的时候，人们会更愿意帮助他人，而阴雨天时，助人行为会相对减少。因此，在手机网络游戏的场景下，天气情况会关系到手机游戏用户在游戏中的人际交往互动的情绪状态以及社交决策。可以说，天气情况和手机游戏用户在游戏中的社交行为具有紧密的关联。之后，笔者为了清晰地探究天气与手机游戏用户的付费行为以及社交行为的关系，基于本书情境，提出了研究假设。

研究方法部分，在研究所涉及的变量度量上，笔者基于前人的理论和实践研究成果，根据本书的研究情境，对变量的内涵和度量进行了介绍和说明。

在数据分析中，笔者分别对研究所涉及的变量进行了数据在研究中占比分析和可视化分布图概况分析，对于变量进行了描述性统计分析，以确保数据检验的科学性。在计量模型的构建上，笔者根据研究问题，进行了计量模型设计、回归分析以及调节作用的检验和稳健性检验。

在天气情况与手机游戏用户的消费行为的研究中，实证检验结果显示，阴雨天气负向影响手机游戏用户在手机游戏中的付费金额。手机游戏的流行性在天气与手机游戏用户付费行为间的关系上起到减弱的调节作用。

　　本章，笔者重点探讨和研究了天气与手机游戏用户的消费行为。基于本书的研究逻辑：外部环境要素→消费者状态和心理→消费行为，企业虽然不能控制空气质量、天气等外部环境的变化，但是可以预知并及时予以关注，根据不同的气象环境，实施适宜的营销策略。空气质量、天气等外部因素对消费者产生了影响，使得他们的工作效率状态和心理情绪发生了变化，继而影响了消费行为，企业的营销策略是否奏效？侧重点该是哪些？这些问题亟待回答和探究。因此，遵循发现问题、剖析问题、解决问题的思路，笔者将在下一章探究企业的营销策略和效果评估，这也是本书的落脚点。

| 第五章 |
企业的营销策略和效果评估

手机游戏产业已成为全球娱乐经济的重要组成和贡献部分。相比诸如电影和音乐等更成熟的娱乐产业，手机移动网络的便捷性使得人们越来越方便地在多种场合下使用和体验。

从企业角度来看，越来越多的游戏公司意识到针对手机游戏进行营销的重要性。有效的营销不但有助于拓展游戏产品的市场份额，还可以延长游戏产品的生命周期，增强手机游戏消费者的使用黏性和产品忠诚度，继而对于产品的盈利性也具有重要作用。

通过前文的文献分析，笔者发现，以往学者们针对网络游戏营销的视角主要从价值共创、增强用户流体验、有效的奖励、促进玩家互动的角度进行研究。具体来说，企业要从游戏平台、游戏产品内容和网络互动等方面重视游戏用户的价值共创，刺激手机游戏用户的持续参与和用户活跃度（Guo et al.，2012）；游戏开发者应该考虑更多地关注在他们的营销策略中建立玩家（社交互动）和在线游戏（人机交互）之间的互动，建议在线游戏开发者搭建有助于吸引玩家的流程体验的产品策略；要为游戏用户提供有效的奖励从而提升他们的成就感进而刺激用户的持续参与（Yee，2006；Wan et al.，2006）；游戏公司可以通过提供适当的系统沟通平台和及时的反馈方式，促进个人互动，还可以巧妙地设计沟通场所和工具促进游戏与玩家的社会互动（Choi et al.，2004；Rezaer et al.，2014）。

　　概括来看，学者们对于网络游戏营销策略的研究主要聚焦于产品改良和促销方面。游戏产品方面（游戏本身内容和网络外部性），企业通过游戏界面、内容、画音等内容设计的改良和不断完善（Ha et al.，2007；Park，2013），旨在增强用户的体验，网络的接入点、服务器设置等对于游戏用户是否购买和消费也具有显著影响（Liu et al.，2015）。促销方面，研究主要聚焦于企业应提升用户成就感和动机，提供和设计更多和有效的激励措施。一方面网络游戏用户成就感的获得（Iverse，2005；Yee，2006；Wan & Chiou，2006；Consalvo，2008）可以间接地提升玩家的自信心和优越感，进而促进用户对于游戏的参与和消费。再者，由于游戏用户的社交动机是增强消费黏性的重要路径（Kraut，1998；Anderson，2001；Chuen et al.，2006），企业要为消费者提供交流互动的有效平台。

　　随着互联网的发展和移动手机的普及，在大数据时代下，基于情境营销理论的气象营销新概念被学者们重视和提出（李晨溪 & 姚唐，2019）。很多公司都根据天气等消费者外部环境的变化来制定营销策略或精确预测消费者需求。《华尔街日报》刊登的文章揭示了社交软件 Facebook 和 Twitter 已在布局如何根据天气情况对于其消费群体进行精准营销（Marshall，2014）。研究发现，相比在传统的实体店进行品牌营销，企业根据消费者外部环境的变化调整在移动客户端上的广告投放和品牌宣传比前者的营销效果会好很多（Bart et al.，2014）。如果能够结合手机游戏玩家的精确地理位置和身处的空气质量以及天气情况，游戏公司进行有针对性的营销和消费预测，制定出相应的营销策略，无疑是一种更有效和有益的尝试。

　　为此，本章以研究企业对于手机游戏的营销策略和效果评估为目的，将基于气象营销新理论，结合手机网络游戏消费和营销情境的相关要素，探究企业的营销策略对手机游戏用户付费行为和社交行为的影响，构建企业手机游戏营销策略模型，界定本阶段研究所涉及的变量内涵和构念，探究企业的营销策略与手机游戏用户的付费行为以及社交行为的关系，并提出研究假设、进行数据分析、计量模型设计和实证检验。

第一节 企业的营销策略对手机游戏用户
付费行为的影响

在前文中，笔者梳理了企业对网络游戏的营销策略，视角分别是：价值共创、增强用户流体验、有效的奖励和促进玩家互动。落实到企业的具体操作上，在用户体验增强方面，企业主要是从完善游戏产品和服务器设计出发（Ha et al.，2007；Park，2013）；在和用户的价值共创上，企业主要是从完善游戏内容和平台建设出发（Marchand et al.，2013）；在增强用户黏性上，主要从建立有效的游戏奖励机制出发等（Yee，2006；Wan et al.，2006）。

一、完善游戏产品和服务器设计增强用户体验

随着手机游戏内容和游玩方式的不断演化更迭，手机游戏的付费方式也正在发生着改变。通过对手机游戏市场这些年的发展观察，笔者发现，手机游戏的付费方式目前的主流模式是免费下载，有的游戏还允许用户试玩一段时间，然后玩家自行选择是否进行付费充值继续体验该款游戏。目前市场上运作比较成功的一些手机游戏，无论是在产品内容设计还是服务器的设置上都体现出游戏厂商的用心设计，当前很多游戏厂商把游戏创意点和游戏付费行为紧密地联系在一起，从而提升玩家通过游戏内容的沉浸体验而增强在游戏中的参与行为和付费黏性。

在每年都会举行的 China Joy（中国国际数码互动娱乐展览会）开发者大会上，几乎所有的游戏设计人都重视和强调知识产权（Intellectual Property，简称 IP）对于游戏产品的重要性。譬如，腾讯文学与转型手机游戏的巨人网络合作推出"书游同步"的计划，以及中国手机游戏公布的一系列 IP 合作计划，

从各个侧面显示出 IP 为游戏厂商带来的丰厚的价值（毕颜冰，2014），对 IP 的追寻，体现出对内容的关注和产品的重视。作为中国游戏厂商前三强的腾讯、网易、完美世界，通过游戏产品内容的完善、提升产品质量，在创新玩家游戏方式和方法上将营销资源进行整合。

游戏产品方面（游戏本身内容和网络外部性），企业通过游戏界面、内容、画音等内容设计的改良和不断完善（Ha et al.，2007；Park，2013），旨在增强用户的体验。研究表明，手机游戏的成功不仅依赖于吸引玩家的初步接受，更重要的是，还需要留住现有的玩家并刺激玩家们在虚拟世界中进行活动，而游戏公司通过用心地设计和不断改良游戏的画面美感、音频调试等游戏中的细节，才能有效地刺激玩家持续参与，增强用户的活跃度。

二、完善游戏内容和平台建设增强用户价值创造

有研究者指出，游戏的内容应注重价值共创的重要性，研究人员通过视频游戏开发了价值创造的概念框架，提出从游戏平台、游戏产品内容和网络互动等方面重视游戏用户的价值共创（Guo et al.，2012；Marchand et al.，2013）。

游戏厂商对于网络的接入点、服务器设置的优化等对于游戏用户是否购买和消费也具有显著影响（Liu et al.，2015）。

游戏服务器方面，游戏厂商在游戏运营初期搭建或者通过租赁高性能的服务器，让手机游戏玩家在游戏过程中享受和体验到流畅的系统操作，让用户从产品中得到良好的游玩体验。

例如，《乐高生化英雄》游戏在游戏角色的设计和场景布局更新上，就积极地促进游戏用户的共同参与和尊重用户追寻自我个性的角色外形设计，在游戏中让用户共创价值从而增强用户的持续参与度。

三、设计有效的奖励机制刺激用户使用黏性

基于使用与满足理论，研究人员分析了网络游戏中玩家的使用动机，将游

戏玩家的动机经验分为三个组成部分（成就感、社交和有效的奖励）。根据流动理论和人文需求理论，有学者探讨了中国台湾地区青少年网络游戏中的心理动机，研究发现，游戏用户在游戏中获得的成就感和得到的奖励是他们继续游戏的主要因素（Yee，2006；Wan et al.，2006）。

因此，为了增强玩家体验和消费行为，手机游戏企业通过设置游戏充值奖励、赠送道具等方式，以期增强玩家黏性和对游戏的忠诚度，从而促进手机游戏用户的付费行为。

例如，《王者荣耀》手机游戏在2018年元旦推出了游戏充值送福利活动，游戏玩家充值能够得到返点福利。《CF手游》手机游戏对玩家的奖励方式是：手机游戏玩家充值达到指定额度即可获得对应奖励。《全民英雄》推出了在充值活动奖励期间，手机游戏用户可以获得劳动奖章，劳动奖章即是限量头像框获取的最佳途径，除了限量头像框之外，还有灵光、涂鸦等奖励。《神雕侠侣》手机游戏官方推出过"三周年礼包"和"鲜花榜奖励"，力图激励手机用户付费充值。还有些手机游戏厂商在开新服①的时候，也会推出一些针对手机游戏用户的奖励措施和回馈方式。

游戏厂商推出的这些对手机游戏用户的奖励和激励活动旨在促进游戏用户的充值付费行为，同时，也是吸引新用户加入的举措。

第二节　企业的营销策略对手机游戏用户社交行为的影响

由于游戏中的社交互动以及与其他真实玩家的竞争，使得游戏产品更具有吸引力。因此，不能忽视游戏中的玩家的社交互惠而仅仅一味地刺激玩家进行充值付费，手机游戏厂商已意识到游戏用户在游戏中的社交行为对于游戏用户

---

① 开新服，即新的游戏服务器开始使用，不同的区是不可以互通的。

忠诚度的提升具有促进作用，游戏企业还可以通过游戏用户的人际传播渠道，吸纳更多的新用户群体。现阶段，游戏企业对于游戏用户社交行为的激励策略主要体现在基于搭建平台促进游戏用户的互动（Rezaer et al.，2014）、实施激励措施促进游戏用户在游戏中的互助互惠行为（Cole et al.，2007）。

一、促进游戏用户的互动有助于用户留存

以往学者通过大规模调查游戏用户的行为，从用户忠诚度、流体验、个人互动和社交互动的角度来解释为什么人们继续游玩某个在线网络游戏，研究发现，如果游戏用户在玩游戏时拥有最佳体验，那么他对于产品的忠诚度会提升，如果游戏玩家与游戏系统进行有效的个人交互或者与连接到互联网的其他人进行愉快的社交互动，则可以获得这种最佳体验（Choi et al.，2004）。还有研究人员也研究了游戏中的用户所追寻的价值对游戏用户行为意图方面的影响，研究人员验证了情绪价值、社会价值、货币价值、质量价值和游戏支付意愿的影响，结果表明，游戏用户寻求的社会价值和支付意愿之间存在正相关关系，如果游戏公司积极地为游戏用户提供更多诸如与其他用户进行互动（Rezaer et al.，2014）的平台和渠道，可以有效地增强用户的体验从而增强用户的使用黏性。

因此，游戏公司通过提供适当的系统沟通平台和及时的反馈方式，促进个人互动。此外，游戏公司还可以通过适当的沟通场所和工具促进游戏与玩家的社会互动。

例如，在 Facebook 的游戏系统中，游戏用户可以方便地邀请自己的好友加入游戏，而且绝大多数 Facebook 游戏中，都设置了游戏内置的邀请面板，游戏用户可以通过该面板邀请好友加入游戏。在《梦宝谷》游戏中，游戏用户除了可以邀请梦宝谷中的好友成为游戏好友之外，还可以邀请陌生人成为自己在游戏内的朋友。还有些游戏公司会通过征集"游戏剧情创作"的方式开启一个专题性的讨论论坛或是贴吧，不但调动手机游戏用户的共同创造价值的热情，还增强了用户之间的互动和平台交流，从而有助于游戏用户对于该款游

戏的参与感，促进用户的留存。

二、促进游戏用户的互利互惠提升用户参与度

以往学者通过对多人在线游戏的研究发现，在游戏中，玩家与玩家之间互送礼物（Gift Giving）是增强用户游玩黏性和激发用户继续游戏的重要影响因素（Korhonen et al.，2007）。也有研究表明，大型多人在线角色扮演游戏（MMORPG）在游戏中发生的用户之间相互分享游戏攻略的社交互动行为提供了玩家们建立强大的友谊和情感关系的机会。研究表明，在线游戏中的社交互惠性是游戏乐趣的重要组成部分，研究结论揭示了虚拟游戏中的社交互动和玩家之间的互惠行为有利于增强游戏乐趣以及促进用户的消费（Cole et al.，2007）。还有研究人员通过对游戏中玩家之间的交互活动研究发现，玩家之间社交作为友谊的标签使得游戏用户之间的亲密度更加增强，游戏用户相互间互送小礼品的互动方式使玩家在游戏中的感受更为良好，有利于用户黏连（Nandwani et al.，2011）。

因此，游戏公司通过实施一系列的激励措施，鼓励游戏用户进行积极的社交互助互惠行为，譬如奖励在礼品排行榜中积极送出礼品的游戏用户额外的金币，或者颁发"热心好人卡"之类的奖章。

例如，《大唐风云》游戏为了激励注册用户之间的社交互惠行为，特别推出了游戏社区礼品排行榜激励，鼓励那些在用户社交行为中表现突出的游戏玩家。《诛仙世界》游戏还特别给予社交积极的用户额外的声誉奖励，颁发声誉奖章。

第三节 模型建构

本书基于外部环境要素→消费者状态和心理→消费行为的研究逻辑，在本

部分，主要根据企业的营销策略分析营销效果，在构建企业的营销策略对手机游戏用户付费和社交行为的影响基础模型时，借鉴了前人相关研究理论和模型，构建出模型的几大变量分类，除了前文提炼的用户的付费行为、用户的社交行为、用户在游戏中角色能力价值等因素、用户在游戏中视觉权威价值等因素以及用户的技术服务适配性等因素外，聚焦于对企业营销策略的影响效应考察，因而增加了企业的营销行为变量（奖励机制的促销策略/搭建用户互动平台）。

鉴于此，本部分研究的主要目的是对游戏企业营销策略有效性进行评估，在有关外部环境和游戏层面影响游戏用户消费行为的变量研究基础上，重点考察企业推出的促销策略对于游戏用户付费和社交行为的影响效果。

在相关理论模型假设和前人实证研究的基础上，本书基于以上变量构建了企业营销策略效果评估模型（见图5-1），关于研究中的变量定义和变量间的假设将在下一节的变量构念及研究假设部分说明。

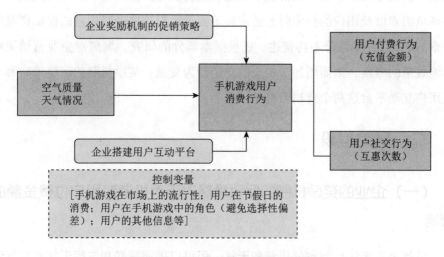

图5-1　企业营销策略效果评估模型

第四节 变量构念及研究假设

一、变量构念

本书根据手机游戏特有的研究情境和样本特点，基于气象营销、企业对手机游戏用户付费行为和社交行为的营销策略，参考以往学者们的相关研究和变量构念以及衡量方法，在本书情境中，做了变量内涵的提炼和挖掘，同时根据本书的样本特色进行了模型上的适当修正和调整，除了涉及的控制变量：用户的付费行为、用户的社交行为、用户所处的外界环境等因素、用户在游戏中角色能力价值等因素、用户在游戏中视觉权威价值等因素、用户所在的组织和竞争环境因素以及用户的技术服务适配性等因素，对这些变量内涵的提炼详见第三章的表 3.1，本部分不再赘述。还根据本部分的研究，聚焦对企业营销策略影响效果的考察，因而增加了企业的营销行为变量：奖励机制的促销策略和搭建用户互动平台这两个营销策略。

二、研究假设

（一）企业的奖励机制的促销策略对于手机游戏用户付费金额的影响

虽然企业无法控制空气质量和天气，但可以提前预知和掌握天气和空气变化。在网络虚拟游戏社区中，企业应该在晴天和雨天使用不同的广告语调来刺激消费，譬如晴天适用简单的中性框架广告，雨天适用防御性广告（Zhang et al.，2017）。延展到手游中企业的营销策略，企业为了减少消费者因为生理状态不佳以及心理抑郁而导致的消费热情降低，采取鼓励购买的营销方式，譬如奖励机制的促销策略（充值有奖励/充点卡有返点）。在阴雨天时，企业可以激励与调动消费者的社交热情，推出相应的奖励措施和机制。因此，本书提出如下研究假设：

H13：在气象环境不利的情况下，企业推出奖励机制的促销策略对于手机游戏用户的付费金额可以产生正效应的影响。

（二）企业的奖励机制的促销策略对于手机游戏用户社交行为的影响

如前文所述，在气象环境不好的时间段里，因为人们外出的欲望降低，现实生活中的人际交往变少，手机游戏用户在虚拟游戏世界中的社交行为也会受到影响，社交主动性变差。因而，游戏公司可以通过实施一系列的激励措施，鼓励游戏用户进行积极地社交互利互惠行为。因此，本书提出如下研究假设：

H14：在气象环境不利的情况下，企业推出奖励机制的促销策略对于手机游戏用户的社交行为可以产生正效应的影响。

（三）企业搭建用户互动平台对于手机游戏用户付费金额的影响

正如前文所分析的，研究表明，在线游戏中的社交互惠性是游戏乐趣的重要组成部分，研究结论揭示了虚拟游戏中的社交互动和玩家之间的互惠行为有利于增强游戏乐趣以及促进用户的消费。因此，在气象环境不好的情况下，企业通过积极地搭建用户互动平台，可以增强用户的互惠互利行为，进而促进用户的付费充值热情。因此，本书提出如下研究假设：

H15：在气象环境不利的情况下，企业搭建用户互动平台对于手机游戏用户的付费金额可以产生正效应的影响。

（四）企业搭建用户互动平台对于手机游戏用户社交行为的影响

如前文所述，如果游戏公司积极地为游戏用户提供进行更多互动行为的平台和渠道，会有效地增强用户的体验从而增强用户的使用黏性。游戏公司通过提供适当的系统沟通平台和及时的反馈方式，促进个人互动，积极搭建用户互动平台，不但调动了手机游戏用户参与热情，还有助于游戏用户提升对于该款游戏的留存和参与度，增强了用户之间的沟通和交流，游戏中的社交成为一种习惯养成。因此，本书提出如下研究假设：

H16：在气象环境不利的情况下，企业搭建用户互动平台对于手机游戏用户的社交行为可以产生正效应的影响。

概括之，基于本章内容的研究假设如表 5 - 1 所示。

表 5 - 1　企业的营销策略和效果评估的研究假设

假设序号	研究假设
H13	在气象环境不利的情况下，企业推出奖励机制的促销策略对于手机游戏用户的付费金额可以产生正效应的影响。
H14	在气象环境不利的情况下，企业推出奖励机制的促销策略对于手机游戏用户的社交行为可以产生正效应的影响。
H15	在气象环境不利的情况下，企业搭建用户互动平台对于手机游戏用户的付费金额可以产生正效应的影响。
H16	在气象环境不利的情况下，企业搭建用户互动平台对于手机游戏用户的社交行为可以产生正效应的影响。

第五节　研究方法

一、数据分析

在企业的营销策略和效果评估分析中，由于游戏企业在 2015 年 12 月全国污染指数普遍高的时候，推出了"充值送礼的额外奖励"，并于 2016 年 1 月增设"游戏用户论坛互动板块"的大型活动，笔者对于营销策略的有效性进行检验。

二、计量模型

可以通过双重差分法（DID）来检验和量化评估营销效果。具体来说，DID 模型设置如下：

主要模型八：

$$Yit = \alpha_0 + \alpha_1 du + \alpha_2 dt + \alpha_3 du \times dt + \varepsilon_{ijt}$$

其中，du 为分组虚拟变量，若消费者 i 受游戏公司政策实施的影响，则 i 属于处理组，对应的 du 取值为 1，若消费者 i 不受游戏公司政策实施的影响，则 i 属于对照组，对应的 du 取值为 0。dt 为政策实施虚拟变量，游戏公司政策实施之前取值为 0，实施后取值为 1。du×dt 为分组虚拟变量与政策实施虚拟变量的交互项，其系数 α_3 反映了政策实施的净效应。

主要模型八是检验企业推出奖励机制的促销策略和搭建用户互动平台的有效性的评估。

第六节　实证检验结果

一、假设检验和结果讨论

本部分的实证检验涉及的研究假设为 H13—H16。实证检验结果如表 5 - 2—表 5 - 9 所示。从表 5 - 2 和表 5 - 3 的结果中可以看出，Post×Treat 的交叉项系数在模型八（1）和模型八（2）中都具有显著性，在加入控制变量后，模型八（3）交叉项系数也同样具有显著性。由此，进一步验证了企业推出的奖励机制的促销策略对用户付费行为的积极效应。

因此，假设 H13：在气象环境不利的情况下，企业推出奖励机制的促销策略对于手机游戏用户的付费金额可以产生正效应的影响，得到支持。

表 5 - 2　双重差分回归结果

企业推出的奖励机制的促销策略对用户付费行为的影响效果评估

结果变量	付费金额	标准误差	t 值	p 值
之前				
对照组（Control）	12.395			
实施组（Treated）	12.728			
Diff（T - C）	0.333	0.019	17.32	0.000 * * *
之后				
对照组（Control）	12.287			
实施组（Treated）	12.883			
Diff（T - C）	0.596	0.023	25.57	0.000 * * *
Diff - in - Diff	0.263	0.030	8.69	0.000 * * *

注：R^2 为 0.06；* $p < 0.10$，* * $p < 0.05$，* * * $p < 0.01$。

表 5 - 3　双重差分回归结果

企业推出的奖励机制的促销策略对用户付费行为的影响

因变量	付费金额		
	模型八（1）	模型八（2）	模型八（3）
Post × Treat	0.263 * * *	0.253 * * *	0.122 * * *
	(8.69)	(8.32)	(4.45)
Treat	0.333 * * *	0.340 * * *	0.437 * * *
	(17.32)	(18.13)	(27.87)
Post	-0.108 * * *	-0.139 * * *	0.0974 * * *
	(-6.33)	(-8.03)	(4.02)

（续表）

因变量	付费金额		
	模型八（1）	模型八（2）	模型八（3）
空气质量		0.0509 * * * (6.73)	0.0332 * * * (4.96)
天气情况		− 0.0958 * * * （− 9.81）	− 0.0438 * * * （− 5.09）
节日和假期			− 0.0777 * * * （− 5.69）
游戏流行性			0.380 * * * (19.32)
任务完成效率			0.0200 * * * (27.69)
角色能力等级			0.00197 * * * (5.61)
游戏涉入时长			0.0577 * * * (12.25)
道具			0.00144 * * * (5.57)
装备			0.00485 * * * (4.66)
所属组织			0.00236 * * (2.61)
竞争对手组织			0.00590 * * * (9.55)
系统适配性			0.00973 (0.57)

（续表）

因变量	付费金额		
	模型八（1）	模型八（2）	模型八（3）
网络稳定性			0.0188
			(1.06)
常数	12.39＊＊＊	12.35＊＊＊	10.62＊＊＊
	(1114.33)	(269.71)	(140.26)
时间效应	Yes	Yes	Yes
个体效应	Yes	Yes	Yes
N	10151	10151	10151
R^2	0.0687	0.0847	0.3113

注：括号内的数字为回归系数对应的 t 统计量的值；＊ $p < 0.10$，＊＊ $p < 0.05$，＊＊＊ $p < 0.01$。

表 5－4　双重差分回归结果

企业推出的奖励机制的促销策略对用户社交行为的影响效果评估

结果变量	社交礼品赠送	标准误差	t 值	p 值
之前				
对照组（Control）	2.495			
实施组（Treated）	2.721			
Diff（T－C）	0.226	0.061	3.68	0.000＊＊＊
之后				
对照组（Control）	2.695			
实施组（Treated）	2.860			
Diff（T－C）	0.166	0.089	1.87	0.061＊
Diff－in－Diff	－0.060	0.108	0.56	0.576

注：R^2 为 0.06；＊ $p < 0.10$，＊＊ $p < 0.05$，＊＊＊ $p < 0.01$。

表5-5　双重差分回归结果

企业推出的奖励机制的促销策略对用户社交行为的影响

因变量	社交礼品赠送		
	模型八（4）	模型八（5）	模型八（6）
Post × Treat	-0.0602	-0.0518	-0.0247
	(-0.56)	(-0.48)	(-0.23)
Treat	0.226 * * *	0.221 * * *	0.144 *
	(3.68)	(3.60)	(2.28)
Post	0.200 * * *	0.202 * * *	0.146
	(3.70)	(3.70)	(1.68)
空气质量		0.0485 *	0.0494 *
		(1.97)	(2.00)
天气情况		0.0976 * *	0.0835 * *
		(3.16)	(2.69)
节日和假期			-0.0850
			(-1.60)
游戏流行性			-0.245 * * *
			(-3.39)
角色能力等级			-0.00443 * *
			(-3.26)
游戏涉入时长			0.00176
			(0.10)
道具			-0.00481 * * *
			(-5.13)
装备			0.00129
			(0.35)

（续表）

因变量	社交礼品赠送		
	模型八（4）	模型八（5）	模型八（6）
所属组织			−0.00261
			（−0.76）
竞争对手组织			0.00838＊＊＊
			（4.77）
系统适配性			−0.146＊
			（−2.37）
网络稳定性			0.0119
			（0.18）
常数	2.495＊＊＊	2.068＊＊＊	2.232＊＊＊
	（75.36）	（14.07）	（8.87）
时间效应	Yes	Yes	Yes
个体效应	Yes	Yes	Yes
N	10151	10151	10151
R^2	0.0030	0.0041	0.0142

注：括号内的数字为回归系数对应的 t 统计量的值；＊ $p < 0.10$，＊＊ $p < 0.05$，＊＊＊ $p < 0.01$。

从表 5 – 4 和表 5 – 5 中可以看出，Post×Treat 的交叉项系数在模型八（4）和模型八（5）中都不显著，在加入控制变量后，模型八（6）的交叉项系数依然不显著。

因此，假设 H14：在气象环境不利的情况下，企业推出奖励机制的促销策略对于手机游戏用户的社交行为可以产生正效应的影响，未能得到支持。

表 5 - 6 双重差分回归结果

企业搭建用户互动平台对用户付费行为的影响效果评估

结果变量	付费金额	标准误差	t 值	p 值
之前				
对照组（Control）	12.172			
实施组（Treated）	12.533			
Diff（T - C）	0.361	0.024	15.34	0.000 * * *
之后				
对照组（Control）	12.457			
实施组（Treated）	12.999			
Diff（T - C）	0.542	0.018	30.29	0.000 * * *
Diff - in - Diff	0.181	0.030	6.13	0.000 * * *

注：R^2 为 0.11；* p < 0.10，* * p < 0.05，* * * p < 0.01。

表 5 - 7 双重差分回归结果

企业搭建用户互动平台对用户付费行为的影响

因变量	付费金额		
	模型八（7）	模型八（8）	模型八（9）
Post × Treat	0.181 * * *	0.175 * * *	0.0659 * * *
	(6.13)	(5.97)	(2.61)
Treat	0.361 * * *	0.364 * * *	0.439 * * *
	(15.34)	(15.66)	(23.38)
Post	0.285 * * *	0.261 * * *	0.246 * * *
	(16.29)	(14.61)	(13.38)
空气质量	0.0188 * *	0.0211 * *	
	(2.60)	(3.20)	
天气情况		- 0.0579 * * *	- 0.0317 * * *
		(- 5.97)	(- 3.70)

（续表）

因变量	付费金额		
	模型八（7）	模型八（8）	模型八（9）
节日和假期			− 0.0764 * * *
			（− 5.70）
游戏流行性			0.339 * * *
			（24.59）
任务完成效率			0.0195 * * *
			（27.10）
角色能力等级			0.00132 * * *
			（4.10）
游戏涉入时长			0.0420 * * *
			（8.80）
道具			0.000476
			（1.83）
装备			0.00465 * * *
			（4.44）
所属组织			0.00227 *
			（2.55）
竞争对手组织			0.00567 * * *
			（9.48）
系统适配性			− 0.0147
			（− 0.87）
网络稳定性			0.0177
			（1.01）
常数	12.17 * * *	12.21 * * *	10.80 * * *
	（864.12）	（272.63）	（143.50）

（续表）

因变量	付费金额		
	模型八（7）	模型八（8）	模型八（9）
时间效应	Yes	Yes	Yes
个体效应	Yes	Yes	Yes
N	10151	10151	10151
R^2	0.1150	0.1193	0.3268

注：括号内的数字为回归系数对应的 t 统计量的值；* $p<0.10$，* * $p<0.05$，* * * $p<0.01$。

从表 5-6 和表 5-7 中可以看出，Post × Treat 的交叉项系数在模型八（7）和模型八（8）中都是具有显著性的，在加入控制变量后，模型八（9）中交叉项系数也同样显著。由此，进一步验证了企业推出的奖励机制的促销策略对用户付费行为的积极效应。

因此，假设 H15：在气象环境不利的情况下，企业搭建用户互动平台对于手机游戏用户的付费金额可以产生正效应的影响，得到支持。

从表 5-8 和表 5-9 中可以看出，Post × Treat 的交叉项系数在模型八（10）和模型八（11）中都不显著，在加入控制变量后，模型八（12）的交叉项系数依然不显著。因此，假设 H16：在气象环境不利的情况下，企业搭建用户互动平台对于手机游戏用户的社交行为可以产生正效应的影响，未能得到支持。

表 5-8　双重差分回归结果

企业搭建用户互动平台对用户社交行为的影响效果评估

结果变量	社交礼品赠送	标准误差	t 值	p 值
之前				
对照组（Control）	2.617			
实施组（Treated）	2.814			

（续表）

结果变量	社交礼品赠送	标准误差	t 值	p 值
Diff（T－C）	0.197	0.078	2.54	0.011＊＊
之后				
对照组（Control）	2.538			
实施组（Treated）	2.707			
Diff（T－C）	0.168	0.068	2.49	0.013＊＊
Diff－in－Diff	－0.029	0.103	0.28	0.780

注：R^2 为 0.11；＊ p＜0.10，＊＊ p＜0.05，＊＊＊ p＜0.01。

表 5－9 双重差分回归结果

企业搭建用户互动平台对用户社交行为的影响

因变量	社交礼品赠送		
	模型八（10）	模型八（11）	模型八（12）
Post×Treat	－0.0287	－0.0193	0.0156
	（－0.28）	（－0.19）	（0.15）
Treat	0.197＊	0.190＊	0.126
	（2.54）	（2.45）	（1.59）
Post	－0.0786	－0.0860	－0.0643
	（－1.40）	（－1.50）	（－0.98）
空气质量		0.0683＊＊	0.0502＊
		（2.76）	（2.02）
天气情况		0.0765＊	0.0787＊
		（2.45）	（2.52）
节日和假期			－0.0824
			（－1.55）
游戏流行性			－0.345＊＊＊
			（－7.19）

（续表）

因变量	社交礼品赠送		
	模型八（10）	模型八（11）	模型八（12）
角色能力等级			−0.00339＊＊
			（−2.60）
游戏涉入时长			0.00813
			（0.44）
道具			−0.00426＊＊＊
			（−4.48）
装备			0.00184
			（0.50）
所属组织			−0.00250
			（−0.74）
竞争对手组织			0.00862＊＊＊
			（4.90）
系统适配性			−0.127＊
			（−2.06）
网络稳定性			0.0138
			（0.21）
常数	2.617＊＊＊	2.141＊＊＊	2.189＊＊＊
	（56.59）	（14.35）	（8.53）
时间效应	Yes	Yes	Yes
个体效应	Yes	Yes	Yes
N	10151	10151	10151
R^2	0.0018	0.0029	0.0140

注：括号内的数字为回归系数对应的 t 统计量的值；＊ $p < 0.10$，＊＊ $p < 0.05$，＊＊＊ $p < 0.01$。

因此，本章的检验结果如表 5 – 10 所示。

表 5 – 10　假设检验结果

序号	研究假设	结论
H13	在气象环境不利的情况下，企业推出奖励机制的促销策略对于手机游戏用户的付费金额可以产生正效应的影响。	支持
H14	在气象环境不利的情况下，企业推出奖励机制的促销策略对于手机游戏用户的社交行为可以产生正效应的影响。	不支持
H15	在气象环境不利的情况下，企业搭建用户互动平台对于手机游戏用户的付费金额可以产生正效应的影响。	支持
H16	在气象环境不利的情况下，企业搭建用户互动平台对于手机游戏用户的社交行为可以产生正效应的影响。	不支持

本章小结

　　本章主要探究企业的营销策略对手机游戏用户消费行为的影响。笔者基于前人关于气象因素对人的心理和消费行为的研究成果，结合了本书的手机游戏消费行为的研究情境，构建了企业营销策略效果评估模型，对模型中涉及的变量的情境概念、内涵界定进行了说明，探究在不利的气象环境下，企业实施的营销策略对于手机游戏用户的付费行为以及社交行为的关系的影响效应，提出研究假设并进行了实证检验。

　　本书在探讨企业的营销策略对手机游戏用户消费行为的影响时，也借鉴了前人相关研究成果，通过对前人研究模型的分析，笔者认为，可以借鉴气象营销新理论，用以研究企业实施怎样的营销策略促进在不利气象环境下手机游戏用户在游戏中的付费和社交等行为。但是，以往的研究模型都是基于人们现实生活和气象环境直接相关的物品购买进行分析，而笔者所研究的手机网络游戏用户在游戏中的购买行为是属于虚拟世界中的消费，虚拟世界中消费不同于现实社会的消费，因此，本书扩展和融入手机网络游戏使用和消费情境，根据本部分的研究，聚焦对企业营销策略的影响效果考察，从而增加了企业的营销行为变量：奖励机制的促销策略和搭建用户互动平台这两个营销策略。这是基于本书的研究情境，笔者在以往研究的基础上，进行了新的研究模型的建构。

笔者基于前人的研究结论，将影响手机游戏用户付费和社交行为的因素归纳为五大类，分别是：手机游戏用户所处的外界环境等因素、手机用户在游戏中角色能力价值等因素、手机用户在游戏中视觉权威价值等因素、用户所在的组织和竞争环境因素、用户的技术服务适配性等因素。因而，涉及的变量为：用户是否付费、用户付费金额、用户礼品赠送、空气质量、天气情况、节日和假期、游戏在市场上的流行性、用户任务完成效率、用户角色能力、用户的游戏涉入时长、用户的道具、用户的装备、用户自身所属的组织、用户所处的竞争环境、系统适配性、网络链接稳定性等。

通过梳理，笔者发现，游戏企业在对手机游戏用户付费行为的促进方面，可以通过完善游戏产品和服务器设计增强用户体验、完善游戏内容和平台建设增强用户价值创造以及设计有效的奖励机制刺激用户使用黏性。

游戏企业在对手机游戏用户社交行为的促进上，可以通过搭建有效的平台促进游戏用户的互动，实施激励措施促进游戏用户在游戏中的互惠行为。促进游戏用户的互动有助于用户留存以及增进游戏用户的互利互惠，从而提升用户参与度。

虽然企业无法控制空气质量和天气，但可以提前预知和掌握天气和空气变化。在网络虚拟游戏社区中，在不同的气象环境下，企业通过主动设计营销策略来应对不良气象环境对于手机游戏用户的影响，使营销策略发挥出正效应的影响。

实证检验结果显示，在气象环境不利的情况下，企业推出奖励机制的促销策略对于手机游戏用户的付费金额可以产生正效应的影响。在气象环境不利的情况下，企业搭建用户互动平台对于手机游戏用户的付费金额可以产生正效应的影响。

| 第六章 |

结论与展望

第一节　研究结论

本书采用定量和定性相结合的研究方法。在空气质量与手机游戏用户的消费行为分析中的研究中，着力探究空气质量与手机游戏用户付费行为以及用户社交行为的关系。在天气与手机游戏用户的消费行为分析中，重点探究天气与手机游戏用户付费行为以及社交行为的关系。在企业的营销策略和效果评估分析中，评估了企业推出的"充值送礼的额外奖励"和"增设游戏用户论坛互动板块"的营销活动来检验和量化评估营销效果。通过实证分析，得出以下三点结论。

（1）实证结果显示，空气质量正向显著性地影响手机游戏用户的充值付费金额。节日和假期负向影响手机游戏用户选择付费充值的行为，一种解释是，在节假日里，人们会更多地进行现实世界的生活和人际交往，从而减少投入到虚拟世界中的活动。研究还发现，在与消费者付费金额的关系中，游戏在市场上的流行性、用户任务完成效率、角色能力等级、游戏涉入时长、道具、装备、竞争环境等因素对于手机游戏用户的付费金额有正向显著性影响，相关结论和以往学者们关于影响游戏用户购买行为的研究结果也保持一致。空气质量正向显著性地影响手机游戏用户任务完成效率，用户任务完成效率越高，通过游戏关卡任务越容易，由于闯到下一关卡需要用户再充值才能继续游戏，因此，手机游戏用户效率越高，用户充值付费金额越多。实证研究结果也显示了，在空气质量和手机游戏用户充值付费金额的关系上，用户任务完成效率具有中介效应。在空气质量和游戏用户付费金额的关系上，用户的角色能力等级起到减弱的调节作用。可以理解为，随着游戏用户角色技能的增加，空气质量对玩家充值的正效应减弱。另一层游戏中的实践逻辑是，伴随着手机游戏用户技能的不断提升，用户满足了游戏的闯关体验，充值也会逐渐减弱了。在空气质量和游戏用户付费金额的关系上，手机游戏用户所处的竞争环境起到减弱的调节作用。可以理解为，随着游戏用户竞争对手组织等级的提升，空气质量对手机游戏用户充值的正效应减弱。另一层游戏中的实践逻辑是，伴随着手机用户面对竞争对手等级的不断提升，用户因为闯关难度太大、闯关体验变差，用户闯不过关卡，成就感变低，充值金额也会降低。空气质量正向显著性地影响手机游戏用户的社交礼品赠送，在空气质量和手机游戏用户充值付费金额的关系上，用户的社交行为具有中介效应。

（2）阴雨天气负向显著性地影响手机游戏用户的充值付费金额。游戏在市场上的流行性、用户任务完成效率、角色能力等级、游戏涉入时长、道具、装备、所属组织和竞争环境等因素同样对于手机游戏用户的付费金额有正向显著性影响作用。在天气和游戏用户付费金额的关系上，游戏在市场上的流行性起到减弱的调节作用。阴雨天气对于手机游戏用户的社交礼品赠送没有显著性影响。而用户所处竞争环境对于游戏用户的社交礼品赠送具有正向显著性影响作用。

（3）在气象环境不利的情况下，企业推出奖励机制的促销策略对于手机游戏用户的付费金额可以产生正效应的影响；企业搭建用户互动平台对于手机游戏用户的付费金额可以产生正效应的影响。可以理解为，企业推出的营销活动对于手机游戏用户的付费行为具有显著的正效应影响。然而，在本书情境下，在气象环境不利的情况下，企业推出奖励机制的促销策略以及搭建用户互动平台对于手机游戏用户的社交行为没有显著性的影响。

第二节　理论贡献

一、将空气质量、天气等气象因素纳入网络用户消费行为研究

以往对于网络游戏用户付费意愿的研究多专注于游戏内容以及用户的感知和体验，前人开发的修正的消费价值理论、使用与满足理论等对于游戏用户的消费行为具有一定解释力，但是没有将外部环境考虑到模型中。本书以学者们的理论和模型为出发点，聚焦消费者身处的环境因素，剖析空气质量以及天气情况影响消费者状态和心理变化进而影响消费者的付费和社交行为，将空气质量、天气这些气象因素纳入手机游戏用户消费行为的影响分析模型中，针对虚拟世界的手机游戏消费行为进行了实证研究。

二、构建并实证检验了空气质量、天气对手机游戏用户消费行为影响模型

在研究空气质量和天气对消费者行为影响的文献中，大多数研究都是基于气象变化对人心情的直接影响展开，很少有学者从环境变化对消费者的身体和心理状态的影响进行分析，探讨外部环境的变化对消费行为的影响机制。本书以使用与满足理论、修正的消费价值理论和气象营销新理论等为理论基础，在借鉴前人对于手机游戏消费行为研究的基础上，笔者构建了空气质量对手机游戏用户消费行为的影响机制模型。理论模型的路径分析结果显示，在空气质量与手机游戏用户的付费行为研究中，游戏用户任务完成效率以及用户的社交行为具有中介效应，用户的个人技能等级以及所处的竞争环境起到调节作用。笔者构建了天气对手机游戏用户消费行为的影响机制模型，揭示了手机游戏在市场上的流行性起到调节作用。

三、进一步丰富和深化了移动互联网消费行为研究

以往的研究中，许多学者都指出外部环境因素对于消费行为影响的重要性。但在对于移动互联网消费行为影响机制的梳理上鲜有系统的指导。在论及移动互联网消费者行为时，许多研究都笼统地将其认为是消费者无意识的或是心情的代理指标。这种认识指导企业的管理实践时有两个消极影响，第一，让许多企业在管理移动互联网消费者时没有方向，无从下手；第二，让企业过多地围绕消费者对于产品和价格方面的敏感，而忽略了其他因素。研究结果发现，企业在进行互联网消费行为分析和管理时需要关注气象因素层面，本书为研究气象外部环境因素对企业的消费者行为影响开辟了新的研究思路。

本书以外部环境要素→消费者状态和心理→消费行为为逻辑条线，探究消费者心理和生理受环境变化的形成机制、影响机理和对应的企业应对策略。将空气质量、天气等外部数据纳入营销决策支持系统（MDSS）从而分析消费者付费倾向。研究在一定程度上丰富了移动互联网消费行为研究，有助于进一步厘清环境对于个体消费行为的影响。

第三节　实践意义

一、明确企业对移动互联网消费与管理的方向

从实践层面来看，本书通过实证分析探析空气质量和天气情况如何影响手机游戏用户的付费以及社交行为，并进一步分析其对手机游戏用户的付费和社交的影响机制，帮助游戏企业深入了解游戏用户的消费和行为动机，挖掘影响用户行为的关键因素，进而有助于企业制定系统性的应对策略。企业对于移动互联网消费与管理的方向更加明确，在实践应用上具有重要的借鉴价值。

二、明确空气质量、天气对于消费行为的影响机理

本书提出并实证检验了在空气质量与手机游戏用户付费行为的影响关系中，用户的任务完成效率和社交行为具有中介作用。一方面，可以让企业清楚地了解空气质量对于消费行为发挥作用的机理，坚定了企业进行移动互联网消费者管理的信心；另一方面，也为企业设计适宜的营销策略开辟了新的思路。

三、有的放矢地实施营销策略

从外部环境来审视其对于用户消费实时动态（如效率状态、情绪波动等）的精准影响（如 IP 识别等），企业可以相继调整游戏内容推送、互动方式设计、激励奖励以及服务器设置等，为企业有效增进与消费者交互提供新参考。

第四节　管理启示

近些年来，越来越多的企业意识到外部环境的重要影响力。从消费者层面看，美国的天气数据公司指出，用户们每天平均要查看 3—4 次天气情况（Suddath，2014），从而了解自己所处的外部气象环境情况，调整自己的计划行为，因而，也可以说，气象因素影响了人们的日常行为。由于消费者会根据所处外部环境选购产品（譬如，在雨天购买雨伞，在寒冷的温度下购买羽绒服等）。从企业层面来看，根据天气和温度等的变化情况，H&M 等服装店会在店内摆放适应不同环境的服装搭配；在广告内容和促销活动的设计上，英国巴宝莉、达美航空等企业会根据一段时间的天气、气温等气象因素推出不同的广告内容和促销活动；美国天气数据公司根据使用其手机 App 的 1.5 亿用户信息数据，通过时间和位置变量，将用户们所处的外部环境和沃

尔玛等线下商场的各地区销售数据相结合，验证了气象因素对消费行为的影响，表现在消费的决策和消费金额上，研究发现，在波士顿阴天的情况下，消费者会购买巧克力，而在纽约温度较高的秋天，轮胎的销量会增加（Suddath，2014）。

然而，企业在预判和运用空气质量、天气等气象因素的过程中，还存在着一些困惑和问题，影响营销策略的有效性。譬如，许多企业仅仅认为在空气质量好或者温度适宜的时候，消费者更乐意消费。还有一些企业认为，促销等价格策略可以降低不利气象环境对消费的负向影响。正如一些学者指出的，许多企业已经逐渐意识到气象营销的重要性，但是如何更好地应用营销策略仍需要探讨和研究（Li et al.，2017）。以上诸多问题，究其原因主要有两个，其一，企业对于应掌握的消费者心理和行为没有清晰的认识，从而导致在不同气象环境下使用的营销策略比较盲目；其二，企业并不了解空气质量、天气等外部气象因素对于消费行为影响的机理。

企业可以借鉴本书的研究结果，通过提前预知和掌握空气质量和天气变化实施不同的营销策略。譬如，Google、Facebook、Twitter等平台在进行效果测试之后提供了基于气象因素的个性化广告推送服务。在网络虚拟游戏社区中，根据空气质量和天气情况变化，企业可以主动设计营销策略来应对，譬如在晴天和雨天使用不同的广告语调来刺激消费，延伸到娱乐产品的营销策略上，企业为了减少消费者因为生理状态不佳以及心理抑郁而导致的消费热情降低，可以采取鼓励购买的营销方式，譬如奖励机制的促销策略（充值有奖励/充值有返点）。在阴雨天时，企业可以激励与调动消费者的社交热情，推出相应的奖励措施和机制。

本书揭示了在线游戏中的社交互惠性是游戏乐趣的重要组成部分，虚拟游戏中的社交互动和玩家之间的互惠行为有利于增强游戏乐趣以及促进用户的消费。因此，企业通过积极地搭建用户互动平台，可以增强用户的互惠互利行为，进而促进用户的付费参与热情。

第五节　研究的局限性及未来研究展望

由于抽样数据、时间方面的限制，本书还存在一定的局限性，研究仍需要进一步拓展和深化。

（1）样本选择的局限性。本书数据涉及从 2014 年 7 月 2 日到 2016 年 7 月 2 日期间的抽样的《神雕侠侣》手机游戏用户（不涉及用户私人信息，用户信息已脱敏）在游戏中使用和消费记录的数据。同时，所研究的手机游戏类型为角色扮演类游戏，在本书情境下的研究结论也未必全部适用于所有类型的网络游戏。

（2）手机游戏用户的异质性需要充分考虑。手机游戏用户的异质性会体现在用户不同的偏好表现上，在对于游戏的体验方面，也会有不同的感知和反应。本书主要基于定量和定性研究的方法，对于手机游戏用户的心理变化没有做专门的心理实验，由于针对手机游戏用户的心理和评价等数据没有涉及和测量，因此在参考修正的消费价值理论上，没有使用"享受价值"和"货币价值"这两个维度，这同样也是本书的局限性。

未来研究可以从以下方面扩展和深入：

（1）增加样本容量。在未来的研究中，一方面，可以通过对其他类型的游戏譬如卡牌类、策略类游戏进行研究和验证，从而进一步扩大样本范围。另一方面，还可以将研究延伸到其他娱乐产品的营销中，例如，探索空气质量、天气等外部环境因素对于电影票房等的影响。在研究方法上，还可以引入心理实验与二手数据相结合的双重检验方式，增加研究的科学性和实证检验的有效性。

（2）进一步通过深入的理论和文献分析，结合企业营销策略的实践，更深层次地去探索手机游戏用户付费和社交行为的影响因素。在未来的研究中，譬如围绕气象环境对于其他娱乐产品销量影响进行多角度的分析和研究。

参考文献

［1］毕颜冰. 文创产业的 IP "大爆炸" ［J］. 出版人, 2014, 9 (3)：83 - 85.

［2］邓然. 空气质量是否影响信用卡消费？［J］. 金融论坛, 2018, 23 (11)：27 - 37.

［3］李晨溪, 姚唐. 气象因素如何影响消费行为？基于情境营销理论的气象营销机制［J］. 心理科学进展, 2019, 27 (2)：5 - 14.

［4］孟昭兰. 当代情绪理论的发展［J］. 心理学报, 1985, 17 (2)：97 - 103.

［5］施瓦茨. 郭晗聃［译］. 气候经济学：影响全球80％经济活动的决定性因素［M］. 北京：气象出版社, 2012.

［6］王立鑫, 姚旭辉, 贾海燕, 谭腾, 陈亚飞. 某高校大学生焦虑抑郁与空气污染的关系［J］. 中国学校卫生, 2016, 37 (7)：1036 - 1038.

［7］温忠麟, 张雷, 侯杰泰, 刘红云. 中介效应检验程序及其应用［J］. 心理学报, 2004, 36 (5)：614 - 620.

［8］俞国良, 王青兰, 杨治良. 环境心理学［M］. 北京：人民教育出版社, 2000.

［9］ALEXANDER T. Massively multiplayer game development 2 (Game Development) ［M］. Charles River Media, Inc. , 2005.

［10］ALTMAN I. The environment and social behavior：privacy, personal space, territory, and crowding. ［J］. Irving, 1975.

［11］BAINBRIDGE W S. The scientific research potential of virtual worlds

[J]. Science, 2007, 317 (5837): 472 – 476.

[12] BARKHUUS L, CHALMERS M, TENNENT P, et al. Picking pockets on the lawn: the development of tactics and strategies in a mobile game [C] //International Conference on Ubiquitous Computing. Springer, Berlin, Heidelberg, 2005: 358 – 374.

[13] BARKHUUS L, DEY A. Is context – aware computing taking control away from the user? Three levels of interactivity examined [C] //International Conference on Ubiquitous Computing. Springer, Berlin, Heidelberg, 2003: 149 – 156.

[14] BART Y, STEPHEN A T, SARVARY M. Which products are best suited to mobile advertising? A field study of mobile display advertising effects on consumer attitudes and intentions [J]. Journal of Marketing Research, 2014, 51 (3): 270 – 285.

[15] BISHOI B, PRAKASH A, JAIN V K. A comparative study of air quality index based on factor analysis and US – EPA methods for an urban environment [J]. Aerosol and Air Quality Research, 2009, 9 (1): 1 – 17.

[16] BLOCK M L, CALDERON L. Air pollution: mechanisms of neuroinflammation and CNS disease [J]. Trends in neurosciences, 2009, 32 (9): 506 – 516.

[17] BRANDSTATTER H, FRUHWRITH M, KIRCHLER E. Effects of weather and air pollution on mood: An individual difference approach [M]. Environmental social psychology. Springer, Dordrecht, 1988.

[18] BROLL W, LINDT I, Herbst I, et al. Toward next – gen mobile AR games [J]. IEEE Computer Graphics and Applications, 2008, 28 (4): 40 – 48.

[19] BUCHHEIM L, KOLASKA T. Weather and the psychology of purchasing outdoor movie tickets [J]. Management Science, 2017, 63 (11): 3718 – 3738.

[20] BUSSE M R, POPE D G, PoPE J C, et al. The psychological effect of weather on car purchases [J]. The Quarterly Journal of Economics, 2015, 130 (1): 371 – 414.

[21] CARARE O. The impact of bestseller rank on demand: Evidence from the

app market [J]. International Economic Review, 2012, 53 (3): 717 –742.

[22] CASTRONOVA E. Virtual worlds: A first – hand account of market and society on the cyberian frontier [J]. 2001, 27 (2): 311 –320.

[23] CEBULA R , VEDDER R . A note on migration, economic opportunity, and the quality of life [J]. Journal of Regional Science, 2010, 13 (2): 205 –211.

[24] CHANG T, GRAFF Z J, GROSS T, et al. Particulate pollution and the productivity of pear packers [J]. American Economic Journal: Economic Policy, 2016, 8 (3): 141 –169.

[25] CHEN J C, WANG X, WELLENIUS G A, et al. Ambient air pollution and neurotoxicity on brain structure: evidence from women's health initiative memory study [J]. Annals of neurology, 2015, 78 (3): 466 –476.

[26] CHEN S, OLIVA P, ZHANG P. Air pollution and mental health: evidence from China [R]. National Bureau of Economic Research, 2018.

[27] CHEN Y, EBENSTEIN A, GREENSTONE M, et al. Evidence on the impact of sustained exposure to air pollution on life expectancy from China's Huai River policy [J]. Proceedings of the National Academy of Sciences, 2013, 110 (32): 12936 –12941.

[28] CHOI D, KIM J. Why people continue to play online games: In search of critical design factors to increase customer loyalty to online contents [J]. CyberPsychology & behavior, 2004, 7 (1): 11 –24.

[29] CHOU T J, TING C C. The role of flow experience in cyber – game addiction [J]. CyberPsychology & Behavior, 2003, 6 (6): 663 –675.

[30] CHOW J C, WASTON J G, MAUDERLY J L, et al. Health effects of fine particulate air pollution: lines that connect [J]. Journal of the air & waste management association, 2006, 56 (10): 1368 –1380.

[31] CLARKE D D. Circulation and energy metabolism of the brain [J]. Basic neurochemistry: Molecular, cellular, and medical aspects, 1999, (1): 56 –66 .

［32］ CLARKE D D, SOKOLOFF L. Basic neurochemistry ［J］. Circulation and Energy Metabolism of the Brain, 1989: 645 – 680.

［33］ CLOUGHERTY J E, KUBZANSKY L D. A framework for examining social stress and susceptibility to air pollution in respiratory health ［J］. Environmental health perspectives, 2009, 117 (9): 1351 – 1358.

［34］ COLE H, GRIFFITHS M D. Social interactions in massively multiplayer online role – playing gamers ［J］. Cyberpsychology & behavior, 2007, 10 (4): 575 – 583.

［35］ CRAIG C A, FENG S. A temporal and spatial analysis of climate change, weather events, and tourism businesses ［J］. Tourism Management, 2018, 67 (8): 351 – 361.

［36］ CUNNINGHAM M R. Weather, mood, and helping behavior: Quasi experiments with the sunshine samaritan ［J］. Journal of personality and social psychology, 1979, 37 (11): 1947 – 1956.

［37］ DAVIDSSON O, PEITZ J, BJORK S. Game design patterns for mobile games ［J］. Project report to Nokia research center, Finland, 2004.

［38］ DAVIS F D. Perceived Usefulness, Perceived Ease of Use, and User Acceptance of Information Technology ［J］. Mis Quarterly, 1989, 13 (3): 319 – 340.

［39］ DAVIS F D, BAGOZZI R P, WARSHAW P R. User Acceptance of Computer Technology: A Comparison of Two Theoretical Models ［J］. Management Science, 1989, 35 (8): 982 – 1003.

［40］ DAVIS F D, VENKATESH V. A critical assessment of potential measurement biases in the technology acceptance model: three experiments ［J］. International journal of human – computer studies, 1996, 45 (1): 19 – 45.

［41］ DE K P. Sport for all and active tourism ［J］. World Leisure & Recreation, 1990, 32 (3): 30 – 36.

［42］ DENISSEN J J A, BUTALID L, PENKE L, et al. The effects of weather on daily mood: a multilevel approach [J]. Emotion, 2008, 8 (5): 662 – 667.

[43] DRACHEN A, PASTOR M, LIU A, et al. To be or not to be… social: Incorporating simple social features in mobile game customer lifetime value predictions [C]. Proceedings of the Australasian Computer Science Week Multiconference. 2018: 1 – 10.

[44] EVANS G W. Environmental Stress [M]. CUP Archive, 1984.

[45] EVANS G W , JACOBS S V . Air Pollution and Human Behavior [J]. Journal of Social Issues, 1989, 37 (1): 95 – 125.

[46] FISHBEIN M, AJZEN I. Belief, attitude, intention, and behavior: An introduction to theory and research [J]. Philosophy and Rhetoric, 1977, 10 (2): 130 – 132.

[47] LIVE GAMER. Virtual item monetization: A powerful revenue opportunity for online game publishers and virtual world operators [EB/OL]. (2009) [2014 – 10 – 10]. http: //www. livegamer. com/strategy/white – papers/Live_ Gamer_ Opportunity_ Whitepaper_NA. PDF.

[48] GENC S, ZADEOGLULARI Z, FUSS S H, et al. The adverse effects of air pollution on the nervous system [J]. Journal of toxicology, 2012, 31 (7): 1 – 23.

[49] GRAFF Z J, NEIDELL M. The impact of pollution on worker productivity [J]. American Economic Review, 2012, 102 (7): 3652 – 3673.

[50] GRAFF Z J, HSIANG S M, NEIDELL M. Temperature and human capital in the short and long run [J]. Journal of the Association of Environmental and Resource Economists, 2018, 5 (1): 77 – 105.

[51] GUO Y, BARNES S J. Explaining purchasing behavior within World of Warcraft [J]. Journal of Computer Information Systems, 2012, 52 (3): 18 – 30.

[52] GUO Y, BARNES S J. Virtual item purchase behavior in virtual worlds: an exploratory investigation [J]. Electronic Commerce Research, 2009, 9 (1): 77 – 96.

[53] GUO Y, IOSUP A. The game trace archive [C]. 2012 11th Annual Work-

shop on Network and Systems Support for Games (NetGames). IEEE, 2012: 1 –6.

[54] GUVEN C, HOXHA I. Rain or shine: Happiness and risk – taking [J]. The Quarterly Review of Economics and Finance, 2015, 57 (7): 1 – 10.

[55] HAJAT A, DIEZROUX A V, ADAR S D, et al. Air pollution and individual and neighborhood socioeconomic status: evidence from the Multi – Ethnic Study of Atherosclerosis (MESA) [J]. Environmental health perspectives, 2013, 121 (11): 1325 – 1333.

[56] HAUSMAN J A, OSTRO B D, WISE D A. Air pollution and lost work [J]. NBER working paper series (USA), 1984.

[57] HEYES A, NEIDELL M, SABERIAN S. The Effect of Air Pollution on Investor Behavior: Evidence from the S&P 500 [J]. Nber Working Papers, 2016.

[58] HIRSHLEIFER D, SHUMWAY T. Good day sunshine: Stock returns and the weather [J]. The Journal of Finance, 2003, 58 (3): 1009 – 1032.

[59] HOMANS G C. ? Social Behavior: Its Elementary Forms [M]. Oxford, England: Harcourt Brace Jovanovich, 1974.

[60] HONG S J, THONG J Y L, TAM K Y. Understanding continued information technology usage behavior: A comparison of three models in the context of mobile internet [J]. Decision support systems, 2006, 42 (3): 1819 – 1834.

[61] HOSSEINI M, PETERS J, SHIRMOHAMMADI S. Energy – budget – compliant adaptive 3D texture streaming in mobile games [C]. Proceedings of the 4th ACM Multimedia Systems Conference. 2013: 1 – 11.

[62] HSIAO K L, CHEN C C. What drives in – app purchase intention for mobile games? An examination of perceived values and loyalty [J]. Electronic commerce research and applications, 2016, 16 (4): 18 – 29.

[63] HSU C L, LU H P. Consumer behavior in online game communities: A motivational factor perspective [J]. Computers in Human Behavior, 2007, 23 (3): 1642 – 1659.

[64] HUFFAKER D, WANG J, TREEM J, et al. The social behaviors of experts in massive multiplayer online role – playing games [C]. 2009 International Conference on Computational Science and Engineering. IEEE, 2009, 4: 326 – 331.

[65] IZARD C E. Emotions as motivations: an evolutionary – developmental perspective [J]. Nebraska Symposium on Motivation Nebraska Symposium on Motivation, 1978, 26: 163.

[66] JUN J W, LEE S. Mobile media use and its impact on consumer attitudes toward mobile advertising [J]. International Journal of Mobile Marketing, 2007, 2 (1): 84 – 91.

[67] KAMPA M, CASTANAS E. Human health effects of air pollution [J]. Environmental pollution, 2008, 151 (2): 362 – 367.

[68] KARGIN B, BASOGLU N, DAIM T. Factors affecting the adoption of mobile services [J]. International Journal of Services Sciences, 2009, 2 (1): 29 – 52.

[69] KATZ E, BLUMLER J G, GUREVITCH M. Uses and gratifications research [J]. The public opinion quarterly, 1973, 37 (4): 509 – 523.

[70] KELLER M C, FREDRICKSON B L, YBARRA O, et al. A warm heart and a clear head: The contingent effects of weather on mood and cognition [J]. Psychological science, 2005, 16 (9): 724 – 731.

[71] KIM E J, NAMKOONG K, KU T, et al. The relationship between online game addiction and aggression, self – control and narcissistic personality traits [J]. European psychiatry, 2008, 23 (3): 212 – 218.

[72] KIM H M. Mobile media technology and popular mobile games in contemporary society [J]. International Journal of Mobile Marketing, 2013, 8 (2): 56 – 71.

[73] KOOTS L, REALO A, ALLIK J. The Influence of the Weather on Affective Experience [J]. Journal of Individual Differences, 2011, 32 (2): 74 – 84.

[74] KORHONEN H, SAARENPAA H, PAAVILAINEN J. Pervasive Mobile Games – A New Mindset for Players and Developers [C]. International Conference

on Fun and Games. Springer, Berlin, Heidelberg, 2008: 21 –32.

[75] KORHONEN H, KOIVISTO E M I. Playability heuristics for mobile multi – player games [C]. Proceedings of the 2nd international conference on Digital inter-active media in entertainment and arts. 2007: 28 –35.

[76] KULESA G. Weather and aviation: How does weather affect the safety and operations of airports and aviation, and how does FAA work to manage weather – related effects? [C]. The Potential Impacts of Climate Change on TransportationUS Department of Transportation Center for Climate Change and Environmental Forecas-ting; US Environmental Protection Agency; US Department of Energy; and US Glob-al Change Research Program. 2003.

[77] LEE C S, GOH D H L, CHUA A Y K, et al. Indagator: Investigating perceived gratifications of an application that blends mobile content sharing with gameplay [J]. Journal of the American Society for Information Science and Technol-ogy, 2010, 61 (6): 1244 –1257.

[78] LEE M. C. Understanding the Behavioural Intention to Play Online Games: An Extension of the Theory of Planned Behaviour [J]. Online Information Review, 2009, 33 (5): 849 –872.

[79] LEHDONVIRTA V. Virtual item sales as a revenue model: identifying at-tributes that drive purchase decisions [J]. Electronic commerce research, 2009, 9 (1): 97 –113.

[80] LEPORI G M. Air pollution and stock returns: Evidence from a natural experiment [J]. Journal of Empirical Finance, 2016 (35): 25 –42.

[81] LEVY T, YAGIL J. Air pollution and stock returns in the US [J]. Jour-nal of Economic Psychology, 2011, 32 (3): 374 –383.

[82] LI C, LUO X, ZHANG C, et al. Sunny, rainy, and cloudy with a chance of mobile promotion effectiveness [J]. Marketing Science, 2017, 36 (5): 762 –779.

[83] LI J, MOUL C C, ZHANG W. Hoping grey goes green: air pollution's

impact on consumer automobile choices [J]. Marketing Letters, 2017, 28 (2): 267 –279.

[84] LIANG T P, YEH Y H. Effect of use contexts on the continuous use of mobile services: the case of mobile games [J]. Personal and Ubiquitous Computing, 2011, 15 (2): 187 –196.

[85] LICHTER A, PESTEL N, Sommer E. Productivity effects of air pollution: Evidence from professional soccer [J]. Labour Economics, 2017, 48 (1): 54 –66.

[86] LIN H, SUN C T. Cash trade within the magic circle: free – to – play game challenges and massively multiplayer online game player responses [C]. DiGRA Conference. 2007.

[87] LIU C Z, AU Y A, CHOI H S. Effects of freemium strategy in the mobile app market: An empirical study of google play [J]. Journal of Management Information Systems, 2014, 31 (3): 326 –354.

[88] LOUGHRAN T, SCHULTZ P. Weather, stock returns, and the impact of localized trading behavior [J]. Journal of Financial and Quantitative Analysis, 2004, (39): 343 –364.

[89] LU H P , SU Y J . Factors affecting purchase intention on mobile shopping web sites [J]. Internet Research, 2009, 19 (4): 442 –458.

[90] MALHOTRA N , HALL J, SHAW M, et al. Marketing research : an applied orientation [M]. Pearson Education Australia, 2006.

[91] MARCHAND A, HENNIG T. Value creation in the video game industry: Industry economics, consumer benefits, and research opportunities [J]. Journal of interactive marketing, 2013, 27 (3): 141 –157.

[92] MARSHALL J. Weather – informed ads are coming to Twitter [J]. Wall Street Journal, 2014 (June 11).

[93] MCCREERY M P, VALLETT D B, CLARK C. Social interaction in a virtual environment: Examining socio – spatial interactivity and social presence using be-

havioral analytics [J]. Computers in Human Behavior, 2015, 51 (4): 203 -206.

[94] MELLERS B A, McGraw A P. Anticipated emotions as guides to choice [J]. Current directions in psychological science, 2001, 10 (6): 210 -214.

[95] MULLIGAN J, PATROVSKY B. Developing online games: An insider's guide [M]. New Riders, 2003.

[96] NANDWANI A, COULTON P, EDWARDS R. NFC mobile parlor games enabling direct player to player interaction [C]. 2011 Third International Workshop on Near Field Communication. IEEE, 2011: 21 -25.

[97] NILL A, SHULTZ C J. Global software piracy: Trends and strategic considerations [J]. Business Horizons, 2009, 52 (3): 289 -298.

[98] OH Y K, MIN J. The mediating role of popularity rank on the relationship between advertising and in - app purchase sales in mobile application market [J]. Journal of Applied Business Research (JABR), 2015, 31 (4): 1311 -1322.

[99] OSTRO B D. The effects of air pollution on work loss and morbidity [J]. Journal of Environmental Economics and Management, 1983, 10 (4): 371 -382.

[100] PARK B W, LEE K C. An empirical analysis of online gamers' perceptions of game items: Modified theory of consumption values approach [J]. Cyberpsychology, Behavior, and Social Networking, 2011, 14 (7 -8): 453 -459.

[101] PARK E, BAEK S, OHM J, et al. Determinants of player acceptance of mobile social network games: An application of extended technology acceptance model [J]. Telematics and Informatics, 2014, 31 (1): 3 -15.

[102] PARSONS A G. The association between daily weather and daily shopping patterns [J]. Australasian Marketing Journal, 2001, 9 (2): 78 -84.

[103] PERSINGER M A, LEVESQUE B F. Geophysical variables and behavior: XII. The weather matrix accommodates large portions of variance of measured daily mood [J]. Perceptual and motor skills, 1983, 57 (3): 868 -870.

[104] PETERS A, VON KLOT S, HEIER M, et al. Particulate air pollution

and nonfatal cardiac events. Part I. Air pollution, personal activities, and onset of my-ocardial infarction in a case – crossover study [J]. Research report (Health Effects Institute), 2005, 124 (6): 1 – 66.

[105] PRICE J, RATKE N, MOEN M A. Understanding Attitudes and Predic-ting Social Behaviour [J]. Englewood Cliffs NJ: Pren – tice Hall, 1980, 6 (4): 85 – 109.

[106] RAACKE J, BONDS R J. MySpace and Facebook: Applying the uses and gratifications theory to exploring friend – networking sites [J]. Cyberpsychology & behavior, 2008, 11 (2): 169 – 174.

[107] REPETTI R L. Effects of daily workload on subsequent behavior during marital interaction: The roles of social withdrawal and spouse support [J]. Journal of personality and social psychology, 1989, 57 (4): 651 – 667.

[108] REZAER S, GHODSI S S. Does value matters in playing online game? An empirical study among massively multiplayer online role – playing games (MMOR-PGs) [J]. Computers in Human Behavior, 2014, 35 (1): 252 – 266.

[109] RIND B. Effect of beliefs about weather conditions on tipping [J]. Journal of Applied Social Psychology, 1996, 26 (2): 137 – 147.

[110] ROSMAN K. Weather Channel now also forecasts what you'll buy [J]. The Wall Street Journal, 2013, 14 (August).

[111] SCHWARZ N, CLORE G L. Mood, misattribution, and judgments of well – being: informative and directive functions of affective states [J]. Journal of personality and social psychology, 1983, 45 (3): 513 – 521.

[112] SHETH J N, NEWMAN B I, GROSS B L. Why we buy what we buy: A theory of consumption values [J]. Journal of business research, 1991, 22 (2): 159 – 170.

[113] STETINA B U, KOTHGASSNER O D, LEHENBAUER M, et al. Beyond the fascination of online – games: Probing addictive behavior and depres-

sion in the world of online – gaming ［J］. Computers in Human Behavior, 2011, 27 (1): 473 – 479.

［114］STEWART A E. Edwin Grant Dexter: an early researcher in human behavioral biometeorology ［J］. International journal of biometeorology, 2015, 59 (6): 745 – 758.

［115］SUN C, KAHN M E, ZHENG S. Self – protection investment exacerbates air pollution exposure inequality in urban China ［J］. Ecological economics, 2017, 131 (4): 468 – 474.

［116］SWEETSER P, JOHNSON D, WYETH P, et al. GameFlow heuristics for designing and evaluating real – time strategy games ［C］. Proceedings of the 8th Australasian Conference on Interactive Entertainment: Playing the System. 2012: 1 – 10.

［117］THOMAS H R, RILEY D R, SANVIDO V E. Loss of labor productivity due to delivery methods and weather ［J］. Journal of construction engineering and management, 1999, 125 (1): 39 – 46.

［118］TIAN J, ZHANG Y, ZHANG C. Predicting consumer variety – seeking through weather data analytics ［J］. Electronic Commerce Research and Applications, 2018, 28 (4): 194 – 207.

［119］TIAN W, YANG Y, YU M. China's consumer spending e – commerce: facts and evidence from JD's festival online sales ［M］. Handbook of US Consumer Economics. Academic Press, 2019: 233 – 256.

［120］TOMKINS S S. Affects as Primary Motivational System ［J］. Feelings and emotions, 1970, 5 (3): 101 – 110.

［121］VIDERAS J, OWEN A L, CONOVER E, et al. The influence of social relationships on pro – environment behaviors ［J］. Journal of Environmental Economics and Management, 2012, 63 (1): 35 – 50.

［122］VLEK C. Essential psychology for environmental policy making ［J］. International Journal of Psychology, 2000, 35 (2): 153 – 167.

［123］ WAN C S, CHIOU W B. Psychological motives and online games addiction: Atest of flow theory and humanistic needs theory for taiwanese adolescents ［J］. CyberPsychology & Behavior, 2006, 9 （3）: 317 –324.

［124］ WEI P S, LU H P. Why do people play mobile social games? An examination of network externalities and of uses and gratifications ［J］. Internet research, 2014, 24 （3）: 313 –331.

［125］ WHANG L S M, KIM J Y. The comparison of online game experiences by players in games of Lineare and EverQuest: Roleplay vs. Consumption ［J］. DIGRA 2005.

［126］ WILKER E H, PREIS S R, BEISER A S, et al. Long – term exposure to fine particulate matter, residential proximity to major roads and measures of brain structure ［J］. Stroke, 2015, 46 （5）: 1161 –1166.

［127］ WINTER D D N. Some big ideas for some big problems ［J］. American psychologist, 2000, 55 （5）: 516 –522.

［128］ WU J H, WANG S C, TSAI H H. Falling in love with online games: The uses and gratifications perspective ［J］. Computers in Human Behavior, 2010, 26 （6）: 1862 –1871.

［129］ YEE N. Motivations for play in online games ［J］. CyberPsychology & behavior, 2006, 9 （6）: 772 –775.

［130］ ZELLNER A. An efficient method of estimating seemingly unrelated regressions and tests for aggregation bias ［J］. Journal of the American statistical Association, 1962, 57 （298）: 348 –368.

［131］ ZHANG C, XU Q, ZHOU X, et al. Are poverty rates underestimated in China? New evidence from four recent surveys ［J］. China Economic Review, 2014, 31 （1）: 410 –425.

［132］ ZHANG X, ZHANG X, CHEN X. Happiness in the air: How does a dirty sky affect mental health and subjective well – being? ［J］. Journal of environmental economics and management, 2017, 85 (9): 81 –94.

[133] ZHOU J, YOU Y, BAI Z, et al. Health risk assessment of personal inhalation exposure to volatile organic compounds in Tianjin, China [J]. Science of the Total Environment, 2011, 409 (3): 452 –459.

[134] ZHOU T, LI H, LIU Y. The effect of flow experience on mobile SNS users' loyalty [J]. Industrial Management & Data Systems, 2010, 110 (6): 930 –946.

[135] ZIEBARTH N R, SCHMITT M, KARLSSON M. The Short – Term Population Health Effects of Weather and Pollution: Implications of Climate Change [J]. Health, Econometrics and Data Group (HEDG) Working Papers, 2013.

[136] ZIJLEMA W L, WOLF K, EMENY R, et al. The association of air pollution and depressed mood in 70, 928 individuals from four European cohorts [J]. International journal of hygiene and environmental health, 2016, 219 (2): 212 –219.

[137] ZUBCSEK P P, KATONA Z, SARVARY M. Social and location effects in mobile advertising [J]. ACR North American Advances, 2015, (1): 261 –269.

[138] ZUCKERMAN M, BUCHSBAUM M S, Murphy D L. Sensation seeking and its biological correlates [J]. Psychological Bulletin, 1980, 88 (1): 187 –214.

[139] ZWEBNER Y, LEE L, GOLDENBERG J. The temperature premium: Warm temperatures increase product valuation [J]. Journal of Consumer Psychology, 2014, 24 (2): 251 –259.

｜附　录｜

附录 A

图 A-1　研究样本手机游戏《神雕侠侣》界面截图

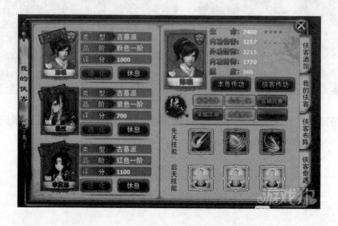

图 A-2　游戏用户角色介绍截图

附录 B

图 B-1 游戏用户游玩界面截图

图 B-2 游戏用户付费充值界面截图 图 B-3 游戏用户社交礼品赠送界面截图

| 后 记 |

本书是笔者对过去几年在消费者行为、受众心理学、气象营销等方面的研究总结。撰写工作得到了我的博导高维和教授的支持，导师引领我在学术道路上不断向前、勇于探索、永葆热情、勤奋执着，祝愿我的导师身体健康、工作顺利。

感谢上海财经大学商学院的孙琦教授和南京大学商学院的崔雪彬助理教授，你们的建议，让我受益良多。还要感谢带给我科研启迪和给予我帮助的各位老师们，他们是：陈启杰教授、陈信康教授、晁纲令教授、王新新教授、江若尘教授、王晓玉教授、江晓东教授、叶巍岭教授、吴芳教授、田林教授、黄蓉教授、周琼教授、蔡亚华教授、孙经纬教授、聂光宇教授等。

特别感谢国家留学基金委联合培养博士项目，让我有幸在 2018 年 1 月至 2019 年 1 月在美国伦斯勒理工学院 Lally 管理学院学习一年，海外学习时光让我收获颇多。伦斯勒理工学院 Lally 管理学院的俞姗教授、亚利桑那大学的刘勇教授是我的海外导师，他们对科研的严谨和执着值得我终身学习。感谢你们的教导。

还要感谢在实地研究工作阶段给予大力支持与协助的完美世界控股集团，特别是完美世界高级副总裁兼官方发言人王雨蕴女士等，感谢他们为本书提供了案例素材和可用于研究的数据，使研究工作得以有条不紊持续推进。

我目前就职于上海社会科学院新闻研究所。能够从事新闻传播学和管理学的交叉学科研究，在计算传播学方面不断探索是我心之所向和热爱的科研方向。感谢徐清泉所长、张雪魁副所长、戴丽娜副所长、吴曦高级工程师、王蔚副研究员在我学术研究的道路上给予我鼓励、支持和帮助。感谢新闻所的同事们，你们对研究领域的热爱和专注也激励着我不断努力。

衷心地感谢我的家人们对我的支持和理解。来自家人的鼓励、支持和包容是我坚持科研道路的动力源泉。希望我的家人们能健康快乐、心想事成。

学术道路漫漫，吾将上下求索。在未来的工作和科研事业中，我将继续秉持严谨扎实的学术态度，踏踏实实走好科研道路，做一个好学的人，成为一个好的学者和师者！

张　卓

2021 年 3 月于上海社会科学院